山东与上合组织国家
文化教育交流对策研究

以俄罗斯为例

赵海丽 刘鲁吉 ◎ 著

中国纺织出版社有限公司

图书在版编目（CIP）数据

山东与上合组织国家文化教育交流对策研究：以俄罗斯为例 / 赵海丽，刘鲁吉著 . -- 北京：中国纺织出版社有限公司，2023.6
ISBN 978-7-5229-0521-1

Ⅰ . ①山… Ⅱ . ①赵… ②刘… Ⅲ . ①教育－国际合作－研究－中国、俄罗斯 Ⅳ . ① G523.3 ② G551.23

中国国家版本馆 CIP 数据核字（2023）第 070864 号

责任编辑：顾文卓　向连英　　特约编辑：武亭立
责任校对：王花妮　　　　　　责任印制：储志伟

中国纺织出版社有限公司出版发行
地址：北京市朝阳区百子湾东里A407号楼　邮政编码：100124
销售电话：010—67004422　传真：010—87155801
http://www.c-textilep.com
中国纺织出版社天猫旗舰店
官方微博 http://weibo.com/2119887771
天津千鹤文化传播有限责任公司印刷　各地新华书店经销
2023年6月第1版第1次印刷
开本：710×1000　1/16　印张：12.5
字数：200千字　定价：78.00元

凡购本书，如有缺页、倒页、脱页，由本社图书营销中心调换

前言
Preface

上海合作组织(简称"上合组织")在二十多年的发展历程中,在"上海精神"的指引下,积极构建和完善区域合作新模式,地区和国际影响力不断提升,成为促进世界和平与发展、维护国际公平正义不可忽视的重要力量。上合组织始终保持旺盛生命力和强劲合作动力,根本原因在于它始终践行"上海精神",为地区治理注入了新动力。2018年6月9—10日上合组织青岛峰会成功召开,习近平同志在上合组织青岛峰会的讲话中指出,上合组织遵循《上海合作组织宪章》《上海合作组织成员国长期睦邻友好合作条约》,构建起不结盟、不对抗、不针对第三方的建设性伙伴关系。这是国际关系理论和实践的重大创新,为地区和平与发展作出了新贡献。为此,上合组织成员国要继续弘扬"上海精神",凝聚团结互信的强大力量,拉紧人文交流合作的共同纽带,贡献新的"上合智慧"或"上合方案"。

2018年,中国—上海合作组织地方经贸合作示范区在山东青岛成立。示范区既面向上合组织国家,又借助青岛这一国际化大都市实现通达全球、联通世界,实现区域性与国际性的协同。示范区以国际物流、现代贸易、双向投资合作、商贸文化交流"四个中心"为主,贯通教育、文化等其他方面合作,是综合多元的大平台。上合示范区虽坐落于山东省,但不局限于山东,其引领全国与上合组织国家合作,更引领全球区域创新合作,作用上梯级上升、地位上逐级增强。从这个角度来说,上合示范区属于中国,更属于上海合作组织及其成员国,也属于这个世界。

本书在山东与俄罗斯文化教育交流积极向前推进的背景下,从法学、文化学和教育学等多学科融合的视角出发,坚持理论和实践相结合,详细阐释了上海合作组织及其文化教育交流的精髓要义和法律机制,考察了山东与俄罗斯文化教育交流的现状,深刻剖析了文化教育交流中存在的问题,从发展的角度对在上合组织框架内如何更有效地推动山东与俄罗斯文化教育交流问题，提出了富有针对性的策略及建设性方案。全书内容共分四章，第一章上合组织文化教育合作及其法律保障，由刘鲁吉、宋炫震撰写；第二章山东与俄罗斯文化交流对策研究，由刘雪玲、贺中辉撰写；第三章山东与俄罗斯教育交流对策研究，由章小凤撰写；第四章山东与俄罗斯文化教育交流"故事篇"，由赵海丽、胡延新、王婷撰写。全书内容由赵海丽、刘鲁吉进行了统一修改和补充。

本书为山东省外事研究与发展智库课题"山东与上海合作组织国家（以俄罗斯为例）文化教育交流对策研究"（课题编号 2020Z3）以及"上合组织框架下完善山东对外文化贸易法律保障机制研究"（课题编号 202226）的阶段性研究成果。

目录
Contents

第一章　上合组织文化教育合作及其法律保障 .... / 001

第一节　上海合作组织的历史背景与发展历程............ / 002

第二节　上海合作组织文化教育合作的主要领域............ / 005

第三节　上海合作组织文化教育合作发展概况............ / 006

第四节　上海合作组织文化教育合作的法律保障............ / 009

附一　《上海合作组织成员国政府间文化合作协定》............ / 015

附二　《上海合作组织成员国政府间教育合作协定》............ / 019

第二章　山东与俄罗斯文化交流对策研究 .... / 023

第一节　国际文化交流的重要意义............ / 024

第二节　中俄文化交流的历史及特征............ / 028

第三节　山东与俄罗斯文化交流现状............ / 037

第四节　山东与俄罗斯文化交流存在的问题............ / 044

第五节　深化山东与俄罗斯文化交流的对策与措施............ / 046

第六节　山东与俄罗斯各子类文化交流的建设性思考............ / 052

第三章　山东与俄罗斯教育交流对策研究 / 055

第一节　中俄教育交流现状 / 056
第二节　山东与俄罗斯教育交流现状 / 060
第三节　山东与俄罗斯教育交流存在的问题 / 066
第四节　促进山东与俄罗斯教育交流的对策与措施 / 067
第五节　山东与俄罗斯各子类教育交流的建设性思考 / 069
附一　以文化特色吸引国际学生　以开放姿态促进教育交流 / 073
附二　山东与俄罗斯高等院校交流与合作情况简介 / 080
附三　山东与俄罗斯中学交流与合作情况简介 / 099

第四章　山东与俄罗斯文化教育交流"故事篇" / 103

第一节　山东与俄罗斯文化交流典型案例 / 104
第二节　山东与俄罗斯教育交流典型案例 / 125
附一　俄罗斯与山东合作扬帆起航再创佳绩 / 149
附二　山东与上合组织及俄罗斯文化教育等交流大事记 / 151

第一章

上合组织文化教育合作及其法律保障

第一节　上海合作组织的历史背景与发展历程

2001年6月15日，在欧亚地区诞生了一个新型的令人瞩目、潜力巨大的区域性国际组织——上海合作组织（英文表述为 Shanghai Cooperation Organization）。上合组织是欧亚地区在21世纪建立的第一个区域性国际组织，是第一个以中国城市命名并把总部设在中国的国际性组织。

一、上海合作组织产生的历史背景

上海合作组织缘起于"上海五国"机制。1991年，苏联解体对全球政治格局产生了重大影响，中亚地区的地缘政治秩序也面临着重塑，如何应对这一形势是各国的利益切关点和面临的主要任务。因此，加强互信和谋求地区安全成为中俄以及多数中亚国家急需解决的国际问题，俄罗斯、哈萨克斯坦、吉尔吉斯斯坦和塔吉克斯坦需要巩固国家独立地位，中国经济建设需要稳定的国际环境。振兴经济、发展科技和迎接经济全球化挑战的艰巨任务促使相关各国都希望建立一种有效的对话形式来解决上述问题。在此背景下，"上海五国"机制应运而生。[1]

二、上海合作组织的正式成立

2001年6月15日，中国与俄罗斯、哈萨克斯坦、吉尔吉斯斯坦、塔吉克斯坦、乌兹别克斯坦六国元首齐聚上海，宣布在"上海五国"基础上成立上海合作组织。上合组织的成立，是各成员国之间开启的一种新型地区合作实践，它体现了成员国尝试超越传统地区合作模式的愿望。上合组织秉承"互信、互利、平等、协商、尊重多样文明、谋求共同发展"的"上海精神"，其建立和发展成为21世纪国际关系史上的里程碑事件。

《上海合作组织成立宣言》是由俄罗斯、乌兹别克斯坦、塔吉克斯坦、吉尔吉斯斯坦、哈萨克斯坦在2001年6月15日于上海签订的条约。该成立宣言明确了"上海合作组织"的宗旨是：加强各成员国之间的相互信任与睦邻友好；鼓励各成员国在政治、经贸、科技、文化、教育、能源、交通、环保及其他领域的有

---

[1] 曾向红.上海合作组织：实践与理论[M].北京：中国社会科学出版社,2021:1-2.

效合作；共同致力于维护和保障地区的和平、安全与稳定；建立民主、公正、合理的国际政治经济新秩序。该成立宣言明确指出，"上海五国"进程中形成的以"互信、互利、平等、协商、尊重多样文明、谋求共同发展"为基本内容的"上海精神"，是本地区国家几年来合作中积累的宝贵财富，应继续发扬光大，使之成为新世纪"上海合作组织"成员国之间相互关系的准则。❶20多年的实践证明，上海合作组织的成功来源于各国之间互相尊重和信任基础上的"上海精神"，它不仅是上海合作组织作为一个国际组织的宝贵文化和制度资源，而且是在全球范围内发展新型国家间关系的潜在模式，已经成为很多国家遵守的新的国际关系准则。❷

三、上海合作组织的发展历程

上海合作组织从"上海五国"机制的基础上发展演变起来，从"上海五国"建立至今，上海合作组织的发展可以概括为下列三个阶段：

（一）创建和起步阶段（2001—2004 年）

如前所述，2001 年 6 月 15 日，中国、俄罗斯、乌兹别克斯坦、塔吉克斯坦、吉尔吉斯斯坦、哈萨克斯坦等六国元首在上海举行会谈并共同签署了《上海合作组织成立宣言》，正式宣告上海合作组织诞生，集中阐述了以"互信、互利、平等、协商、尊重多样文明、谋求共同发展"为基本内容和原则的"上海精神"。为建立组织运行的法律基础，上海合作组织成员国签订了《上海合作组织宪章》，规定了组织的宗旨、根本任务和主要原则，奠定了组织发展的基本法律框架；2003 年，上海合作组织设立了常设机构——设在北京的上海合作组织秘书处，负责为组织框架内的日常活动进行组织和提供指导。❸

（二）成长并壮大阶段（2004—2017 年）

2004—2017 年，上海合作组织迅速成长并逐步壮大，2007 年签署的《上海合作组织成员国长期睦邻友好合作条约》将持久友谊与和平的理想写入，巩固了

---

❶ 上海合作组织成立宣言[EB/OL].［2023-02-06］.上海合作组织官网,http://chn.sectsco.org/documents/.

❷ 孟沙.弘扬"上海精神"：上海合作组织的发展历程与思考[J].现代世界警察，2022（7）:76-78.

❸ 马振刚.稳步向前的上海合作组织[M].北京：世界知识出版社,2006:237-238.

成员国的平等地位与合作共识，加强了组织内部体制和机制建设的基础。2014年签订的具有约束力的《国际公路便利化政府间协定》加强了区域经济合作。《上海合作组织2025年发展战略》确定了未来10年的战略和方向，成立了商业理事会、银行间协会和上合组织论坛，上海合作组织大学开放教育合作等。❶2017年6月，印度和巴基斯坦正式成为上海合作组织成员，上海合作组织完成首次扩员。自2009年开始，各成员国相继签署了关于教育、文化、卫生、科技、旅游等领域的合作协定或合作纲要，启动了上海合作组织大学建设，人文交流与教育合作开启了新征程。❷

（三）巩固和发展阶段（2017年至今）

印度和巴基斯坦加入上海合作组织开启了中亚和南亚两大区域协同发展的新征程，上海合作组织影响力日益提高。2018年6月9—10日，上海合作组织在中国青岛召开成员国元首理事会第十八次会议，这也是上海合作组织扩员后举办的首次峰会。在此次峰会上，上合组织8个成员国的元首签署和批准了一系列重要文件，这意味着上海合作组织踏上新的征程。❸青岛峰会上各成员国共同发表《青岛宣言》《关于贸易便利化的联合声明》《致青年共同寄语》等，签署并通过了共计23项合作的法律文件，涉及政治、安全、经济、人文等多个领域，赋予了上海合作组织新的历史使命，上海合作组织进入了全新发展阶段。❹2021年9月17日上海合作组织杜尚别峰会上通过了关于启动接收伊朗成为上合组织成员国程序的决议，作为对该决议的有效落实，2022年9月16日上海合作组织撒马尔罕峰会期间签署了关于伊朗加入上合组织义务的备忘录，❺伊朗正式加入上合组织，上海合作组织再次成功扩员。

---

❶ 邓浩.上合组织二十年：发展历程、基本经验和未来方向（英文）[J].Contemporary International Relations,2021,31（4）:27-36.

❷ 中国上合组织研究中心.上海合作组织：回眸与前瞻（2001-2018）[M].北京：世界知识出版社,2018:5-6.

❸ 曾向红.上海合作组织：实践与理论[M].北京：中国社会科学出版社,2021:1-3.

❹ 孙壮志.青岛峰会开启上合组织发展新阶段[J].时事报告,2018（7）:34-35.

❺ 上海合作组织成员国元首理事会撒马尔罕宣言[N].人民日报,2022-09-17（003）.

第二节　上海合作组织文化教育合作的主要领域

如前所述,上海合作组织是在"上海五国"机制的基础上由中国、俄罗斯、哈萨克斯坦、吉尔吉斯斯坦、塔吉克斯坦和乌兹别克斯坦共同发起成立的区域性国际组织。随着上海合作组织的发展,每年相继召开不同级别的会议,成员国不仅加强了政治联系,而且加强了经济合作和人文交流,上海合作组织成员国文化教育合作领域日益广泛,作用发挥更加充分。

一、上海合作组织文化教育合作的主要领域

2002年上合组织圣彼得堡峰会通过的《上海合作组织宪章》明确了该组织的优先目标和任务:加强成员之间的互信、友谊和睦邻友好;发展多领域合作,建立一个民主、公正、合理的政治经济国际新秩序。该文件规定了促进文化教育合作的主要任务。

文化和人文合作是上海合作组织内的优先合作领域。各国文化部长于2002年4月12日在北京首次会晤。成员国政府积极支持"文化日",并支持艺术表演者和集体的参与。然而,在2005年之前,人文领域的合作仍然不发达。2005年,上海合作组织成员国举行了部长和专家会议,在文化和人文合作各个领域通过了第一批多边合作方案。从那时起,人文领域的合作逐渐增加,例如,举行联合活动以纪念成员国历史上的重要日子,不同国家的学生、讲师和教授的访学交流,并尝试建立联合教育中心。2008年,上海合作组织大学出现了:一个以从事区域研究、信息技术、纳米技术、能源和生态学研究的大学为基础的教育网络。到2010年,该教育网络连接了上海合作组织五个国家的53所大学。2009年5月,上海合作组织在叶卡捷琳堡成立了青年理事会。理事会的任务是促进上合组织成员国青年在教育、文化和体育领域的合作。鉴于中亚地区医疗卫生条件相对落后、合格医疗人员严重短缺以及偏远地区缺乏医疗服务,迫切需要上合组织在医疗保健方面提供广泛支持,俄罗斯倡议成立上海卫生组织(SHO),该组织可能在上合组织内发挥类似于世界卫生组织的全球作用,团结成员国的努力,提高医疗质量。加强上海合作组织与大众媒体的合作以及利用互联网,也将促进人文领域合作的发展,上合组织成员国拥有丰富的文化遗产,上合组织人文领域的合作前景

十分广阔。

二、上海合作组织文化教育合作产生的重要作用

在"上海精神"的指导下，上合组织的发展具有典范性意义。成员国之间相互信任、互利共享，超越了成员国之间政治形态和经济水平的差异，为推进人类命运共同体的构建作出了应有的贡献。从某种意义上说，上合组织的重要性不仅仅在于建立了一个新的地区性组织，而是为国际社会提供了一个拥有众多文明的国家开展地区合作的全新模式。❶迄今为止，上海合作组织已成为具有重要国际影响力和权威的多边国际组织。这里比较重要的因素是寻求新的互动形式，包括人文合作，包括教育、文化联系、医疗、旅游等。如何将该组织中具有不同文化传统、语言和教育制度的国家聚集在一起，是上海合作组织在国际事务中更好地发挥作用的基础。上合组织成立以来，中国与北方邻国关系发展顺利，2011年，中俄关系升格为"全面战略协作伙伴关系"，2019年升格为"新时期全面战略协作伙伴关系"。❷良好的中俄关系是上海合作组织成功发展的重要因素，两国在该组织内的双边合作在很大程度上决定了整个上合组织的发展趋势和作用发挥的效果。

第三节 上海合作组织文化教育合作发展概况

2006年6月，上海合作组织成员国签订了《政府间教育合作协定》，成员国之间的文化教育合作迅速发展，上海合作组织大学随后设立，教育部长会议等成为常设官方机制，"教育无国界"教育周和校长论坛等奠定了民间文化教育交流的基础，十几年来，上合组织成员国之间的文化教育交流获得长足发展，培养了一大批本组织合作所需的国际化人才。

---

❶ 曾向红. 上海合作组织：实践与理论[M]. 北京：中国社会科学出版社，2021:1-3.

❷ Deng Hao. 20 Years of the SCO: Development, Experience and Future Direction[J]. Contemporary International Relations, 2021,31（04）:27-36.

一、上海合作组织文化教育合作的工作机制

上海合作组织文化教育合作的有序运行，离不开官方与民间、政府与学界有机配合的高效工作机制的支持。

（一）教育部长会议

教育部长会议是上海合作组织成员国文化教育合作工作机制的基础和首要工作平台。2006年6月上海合作组织元首峰会签署了《政府间教育合作协定》，同年10月召开了首届教育部长会议，会议决定成立成员国常设教育专家工作组，批准专家工作组工作条例，责成专家工作组就制定成员国政府间学历证书及学制互认协定的文本草案开展工作。此后，教育部长会议形成惯例——各成员国轮流举办和每两年举行一次，研究教育领域优先合作的重要议题。

（二）教育专家工作组

上海合作组织教育专家工作组是根据2006年签署的《政府间教育合作协定》而设立的，是负责各成员国教育合作具体方案和落实具体行动措施的常设官方执行机构，主要工作是落实教育部长会议安排的工作任务。其主要人员来自各成员国教育部门的主管业务领导和专家，每年至少举行一次会议。

（三）大学校长论坛

上海合作组织国家大学校长论坛的议题集中在上海合作组织大学运转和建设方面，研究每一年的工作任务和策划下一步的工作安排。首届校长论坛于2009年5月在莫斯科大学举行，论坛期间签署了《上海合作组织成员国人文大学联盟》的协议和章程。2012年10月第二届校长论坛期间，上海合作组织大学"扩员"至70所院校，专业方向增加到7个，人才培养从硕士研究生扩大到本科生。2017年8月召开的校长论坛，围绕签署上海合作组织大学协议、联合教育框架下互派学生的接收情况等议题进行了讨论，并计划在2018年上海合作组织大学成立十周年之际推出上海合作组织大学理念。[1]

二、打造多边教育合作平台——上海合作组织大学

就国际教育项目而言，当今国际教育合作的一种常见形式就是联合教育项

---

[1] 中国上合组织研究中心.上海合作组织：回眸与前瞻（2001-2018）[M].北京：世界知识出版社,2018:83-85.

目。上海合作组织大学是上合组织成员国建立的具有独创性的新型大学联盟形态，是上合组织推进区域教育一体化和加强文化教育交流的运作载体。2007年8月比什凯克元首峰会上倡议成立上海合作组织大学，2008年10月上海合作组织第二届成员国教育部长会议签订了《关于成立上海合作组织大学采取进一步一致行动的意向书》，各成员国关于设立上海合作组织大学形成共识。2009年上半年，上海合作组织大学以区域学、生态学、能源学、IT技术和纳米技术等5个专业为优先合作方向从各成员国遴选出53所高校作为上海合作组织大学的第一批项目院校，并于同年5月签订《上海合作组织成员国人文大学联盟协议》。2011年11月，上合组织成员国的62所院校共同签署了《上海合作组织大学章程》，上海合作组织大学正式开始运行。❶上海合作组织网络大学由21所俄罗斯大学组成，代表俄罗斯各地区。其中，在QS世界大学排名中名列前茅的学校有：罗蒙诺索夫莫斯科州立大学、圣彼得堡州立大学、新西伯利亚州立大学、托木斯克州立大学、莫斯科国立国际关系学院、乌拉尔联邦大学、喀山联邦大学、鲁登大学等。

上海合作组织大学的组织模式具有创新性和独特性，它实质上是一个非实体教育合作网络，通过各成员国高校加入成为项目院校进而整合教育资源，各成员国高校统一研究制定培养专业、教学模式、学制学历、课程设置等，从而形成了统一的教育空间。各成员国都是将本国最为优质的教育资源加入上海合作组织大学，为区域教育联合提供优化的教学资源，为项目院校教学和科研交流提供了国际平台。上海合作组织大学的人才培养紧盯区域经济与人文合作的发展需求，积极为上海合作组织区域发展服务。以上海合作组织大学中方院校交流数据为例，2012年至2020年中国外派以及来华留学交流共计901人，其中中国外派591人，来华留学310人，上海合作组织大学为成员国人才培养提供了有效的合作平台，上合组织成员国之间的学术交流也蓬勃发展，如区域学方向举办的区域学师资培训班、纳米方向举办的"光学之旅""中国之光"以及生态学方向的"草地放牧管理和保护性农业"等青年学术项目都增进了成员国之间的学术探讨。❷

上海合作组织大学建立之后的发展实践表明了这一新型大学联盟形态取得了

---

❶ 上海合作组织大学概况 [EB/OL].［2023-02-08］.上海合作组织大学官网,http://www.usco.edu.cn/CHS/dxgk.htm.

❷ 曾向红,罗金.上海合作组织框架下的人文合作：回顾与展望 [J].武汉科技大学学报（社会科学版）,2022,24（02）:175-184.

重要成就，但是，实践中仍然面临着不少挑战和困难。上合组织成员国高等教育发展很不平衡，成员国文化传统与宗教信仰彼此差异很大，如何在教育合作中求同存异、交流互鉴需要各国继续探索有效的形式和渠道。各国的经济发展水平存在较大差距，必然导致高等教育发展水平也不同，生源基础不尽相同，教学水平也有差距。部分成员国和部分项目院校参与积极性还没有充分调动起来，例如乌兹别克斯坦至今没有高校加入上海合作组织大学项目。此外，成员国内学生更喜欢选择到高等教育水平较高的国家接受教育，造成上海合作组织大学生源流向的不均衡，学生留学的目标国大多都是中国或俄罗斯，其他成员国高校参与上海合作组织大学效益受到影响。因此，上海合作组织大学今后发展需要应对的挑战也不容忽视。今后，需要进一步对接国际市场需求，增加专业数量，加强应用型人才的培养，挖掘各国市场潜力，由政府主导模式逐步走向多元联动模式，发挥比较优势，充分调动各国地方政府、企业、科研机构、非政府组织等力量参与上海合作组织大学，提升上合组织成员国文化教育合作的质量和效益。

第四节　上海合作组织文化教育合作的法律保障

上海合作组织提供了一个多边合作的国际平台，使各成员国（特别是中俄）能够在一个制度化的论坛上处理共同面对的地区问题。组织的有效运转离不开双边或多边国际条约的签署和执行，离不开组织的制度化建设。因此，法律基础建设是上海合作组织成功运行的重要保障，文化教育合作领域亦是如此。

一、上海合作组织文化教育合作的法律文件

上海合作组织从成立之时就高度重视制度建设，2001年6月，各成员国元首通过并签署了《上海合作组织成立宣言》和《打击恐怖主义、分裂主义和极端主义上海公约》。2001年9月，时任中国总理的朱镕基在哈萨克斯坦举行会议，就敦促上合组织进一步制度化，他建议尽快通过《上海合作组织宪章》和设立反恐中心。二十几年来，上海合作组织依据联合国宪章和公认的国际法准则，根据自身实际，通过平等协商不断加强制度建设，已建立了较为完备的法律制度体系，为上海合作组织的正常有序运转提供了制度保障和法律依据。

（一）基础法律文件

上海合作组织的基础法律文件指对其存在和发展具有指导性和纲领性的法律文件，他们构成了上海合作组织运行的法律基础，构成了上海合作组织的运行的"宪法"。一般而言，上海合作组织的基础性法律文件有两个：一个是2002年6月由成员国国家元首在俄罗斯圣彼得堡峰会上签署的《上海合作组织宪章》；一个是2007年8月由成员国国家元首在吉尔吉斯斯坦比什凯克峰会上签署的《上海合作组织成员国长期睦邻友好合作条约》。

《上海合作组织宪章》由26个条款构成，是上海合作组织的宪法性文件，在整个组织法律体系中位于最高层次，具有最高法律效力，其他法律文件均依据《上海合作组织宪章》制定，内容不得与其相抵触。作为上海合作组织的根本遵循，《上海合作组织宪章》主要规定了组织的运行原则、合作领域、宗旨任务和根本目标，明确了组织活动的主要机构和主要程序，确定了该组织与其他国家和国际组织的相互关系、执法能力、决策程序、豁免和组织的官方语言等。该宪章为上海合作组织奠定了法律基础，标志着上海合作组织在国际法意义上得以真正建立。

《上海合作组织宪章》在第一条"宗旨和任务"中明确规定："鼓励开展政治、经贸、国防、执法、环保、文化、科技、教育、能源、交通、金融信贷及其他共同感兴趣领域的有效区域合作；在平等伙伴关系基础上，通过联合行动，促进地区经济、社会、文化的全面均衡发展，不断提高各成员国人民的生活水平，改善生活条件。"在第三条"合作方向"中明确规定："扩大在科技、教育、卫生、文化、体育及旅游领域的相互协作。"❶这些条款为上海合作组织成员国之间文化教育交流与合作提供了根本国际法依据。

《上海合作组织成员国长期睦邻友好合作条约》亦由26个条款构成，是2007年8月由成员国国家元首在吉尔吉斯斯坦比什凯克峰会上签署的基础性国际条约。该条约明确了成员国在安全、经济、科技、环保、人文等领域开展合作的基本原则，表达了各成员国发展长期睦邻、友好和合作关系的坚定决心。关于文化教育合作方面，该条约第十九条明确规定："缔约各方促进彼此间在文化、艺术、教育、科学、技术、卫生、旅游、体育及其他社会和人文领域的交流与合作；缔

---

❶ 上海合作组织宪章 [EB/OL]．［2023-02-08］．上海合作组织官网，http://chn.sectsco.org/documents/．

约各方相互鼓励和支持文化、教育、科研机构建立直接联系，开展共同科研计划与项目，合作培养人才，互换留学生、学者和专家。"❶ 这些条款为上海合作组织成员国之间开展文化教育交流与合作提供了基本方向指引和法律保障。

（二）综合法律文件

上海合作组织综合性法律文件是指对某一领域或某一时期的组织活动具有指导性的文件，如《上海合作组织成员国多边经贸合作纲要》《上海合作组织成员国政府间教育合作协定》《上海合作组织成员国政府间文化合作协定》《上海合作组织至2025年发展战略》等。

2006年6月，上海合作组织上海峰会期间，成员国签订的《上海合作组织成员国政府间教育合作协定》为各成员国之间的教育合作提供了直接国际法依据。该协定明确了"推动教育交流和推动学历证书互认"两大核心任务。具体内容包括：①各方促进各方国家教育机构和组织的各类学生和科研教学工作者的相互交流；②促进上海合作组织成员国教育机构和国家教育主管部门建立学历证书的对等互认机制；③各方鼓励各方国家教育机构和组织的学生相互参加国际奥林匹克竞赛、大奖赛、联欢节，以及联合举办的生态、旅游、体育及其他领域的活动；④每方根据各自可能，鼓励在各自教育机构和组织内以最为可行的方式研究其他各方国家的语言、历史、文化和文学。❷

2007年8月，上海合作组织比什凯克峰会上签订的《上海合作组织成员国政府间文化合作协定》是上合组织成员国文化合作的纲领性文件，为发展上合组织多边文化交流合作奠定了法律基础。该协定指出，各方依照国际法准则和各自国家法律，在音乐、舞台艺术、造型艺术、电影、档案、图书馆和博物馆事务、文化遗产保护、民间工艺、实用装饰艺术、业余文娱事业和杂技艺术等领域，以及其他创作活动方面进行合作。在该协定框架下，从2008年开始，各方先后签署执行了5个年度文化合作计划，全面、合理、有效地推动该协定各项内容落到实处。❸

---

❶ 上海合作组织成员国长期睦邻友好合作条约[EB/OL].[2023-02-09].上海合作组织官网, http://chn.sectsco.org/documents/.

❷ 中国上合组织研究中心.上海合作组织：回眸与前瞻（2001-2018）[M].北京：世界知识出版社,2018:82.

❸ 高晨.绽放多样文明　谱写和美华章——上海合作组织20年文化合作成就与未来[N].中国文化报,2021-09-15（004）.

2015年7月，上海合作组织乌法峰会上各国元首签署了《上海合作组织至2025年发展战略》，规定了2015—2025年十年间上海合作组织发展的目标和遵循的原则，明确了在政治、安全、经贸、人文等方面的伙伴关系和具体合作内容。该战略明确提出要扩大成员国之间包括科技、卫生、环保、教育领域等领域的人文联系，密切开展人员交流；成员国将努力为发展科技、教育、文化、卫生、旅游合作、深化社会团体与民间交往创造有利条件；成员国将不断通过双边和多边方式扩大教育、科研机构的联系，实施共同感兴趣的科研项目和规划。该战略还确定了今后加强各成员国人文合作的具体领域：在上合组织地区文化与自然遗产研究与保护方面开展合作，包括"丝绸之路"历史沿线，防止盗窃文化珍品及其非法进出境、建立古文物清单和数据库、培训文物保护专家、艺术品复原、科技与艺术鉴定、博物馆规划、非物质文化遗产研究、民俗学、现代艺术与媒体文化、电影、戏剧、艺术、经济学和艺术社会学及文化政策研究方面开展合作。❶

（三）专门性法律文件

专门性法律文件是指上海合作组织通过的涉及某一方面的单一性的具体合作文件。例如，《上海合作组织成员国政府间国际道路运输便利化协定》《上合组织成员国政府间文化合作协定2018—2020年执行计划》《上合组织成员国政府间文化遗产保护领域合作协定》等。涉及文化教育合作领域的还有以下两个专门性法律文件：2008年10月，各成员国教育部门签订的《上海合作组织成员国教育部关于为成立上海合作组织大学采取进一步一致行动的意向书》，为上海合作组织大学的建立提供直接依据；2010年4月，在学校层面签订了《哈萨克斯坦共和国、中华人民共和国、吉尔吉斯斯坦、俄罗斯联邦和塔吉克斯坦共和国高等学校关于成立上海合作组织大学的合作备忘录》，具体搭建了上海合作组织大学的制度框架。

（四）程序性法律文件

程序性法律文件是指涉及上海合作组织的机构设置、机制建设、运行程序等方面内容的文件，是对组织自身运行的程序性法律保障。例如，《上海合作组织观察员条例》《上海合作组织秘书处条例》《上海合作组织常设机构人员条例》《上海合作组织程序规则》《上海合作组织对话伙伴国条例》《上海合作组织接受新成员条例》等。

---

❶ 上海合作组织至2025年发展战略[EB/OL]．[2023-02-09]．上海合作组织官网，http://chn.sectsco.org/documents/．

二、上海合作组织文化教育合作法律机制的完善对策

上海合作组织作为一个新型区域国际组织,成立二十多年来,成员国领导人高度重视法律制度建设,在充分尊重联合国的权威和公认的国际法准则基础上,通过平等协商不断强化自身的法律基础建设,重点领域的法律制度日益完备,为各项机制的顺利运行提供保障和依据。❶上海合作组织自身法律制度建设无疑取得了重要成绩,但是仍然有改善和进步的空间。由于上海合作组织成员国经济发展水平不均衡,社会文化具有多样性,上海合作组织签署的法律文件多数是从各国的最大共识出发达成的框架性协议和联合声明,成员国之间有明确的合作方向,但具体合作机制和合作事宜还需要进一步落实,因此,各成员国根据已签署的法律文件,主动在本国对接、细化和落实,建立具有较强可操作性的工作机制,对于提高各成员国之间和国际合作效果具有重要意义。文化教育交流与合作领域亦是如此。

首先,进一步完善上海合作组织决策机制。各成员国寻找最大共识、谋求协商一致是开展合作的原则,但是对于已经协商一致的事宜就要落实,不能对于涉及所有的合作事宜全部需要"协商一致",过于追求对"协商一致"会导致组织松散和决策不力。因此,建议修改《上海合作组织宪章》,进一步明确"协商一致"原则的适用范围,对于涉及组织发展的基础性和根本性问题,例如修改宪章、元首宣言、接受成员等,适用"协商一致"原则;对于涉及组织日常运行、已签署协议的落实等具体议题的决议,可不必适用"协商一致"原则,而是采取多数表决制的决策方式,提高决策效率和执行力。

其次,建立健全上海合作组织冲突调解机制。国际组织在开展活动、行使职权过程中,与不同主体发生冲突、产生争端是常见现象,公正处理对国际组织树立声望和增强成员互信具有重要意义。对于扩员后的上合组织而言,印巴双方之间的历史积怨和冲突有可能会影响上合组织的正常运行。因此,上合组织应该对如何处理成员国之间可能的冲突进行研究,积极探索在上合组织框架内建立成员国冲突调解机制,设立争端解决机构,丰富争端解决手段,明确解决争端的程序规则。❷在这方面,中国和俄罗斯应该提高工作的主动性,发挥更大的主导作用,

---

❶ 王田田.上海合作组织的法律基础建设及其示范意义 [J].俄罗斯学刊,2016,6(05):59-66.

❷ 曾向红.上海合作组织:实践与理论 [M].北京:中国社会科学出版社,2021:305.

促进上合组织法律机制的进一步完善,提升组织治理能力。

最后,探索建立文化教育领域国际纠纷解决的案例指导机制。纵览上合组织成员国签订的文化教育合作协议,框架性内容居多,具体的合作机制还有待于各国的实践探索,国际条约的框架性带来执行上的困惑。案例具有生动性和灵活性的特点,在规范社会现实的过程中从而表现出适应性强的优势,上合组织秘书处或者"中国—上海合作组织法律服务委员会"可以定期遴选典型案例予以发布,引导各成员国文化教育领域国际纠纷的合理解决,遴选的案例可以初步确定为两类:一类是各国企业或其他市场主体进行文化贸易和教育合作过程中合理解决纠纷的典型案例;一类是各成员国处理普遍面临或关注的国内事务而形成的具有推广意义的典型案例。案例的解决方式不限于法律途径,谈判、磋商、调解等形式均可以纳入案例遴选范围。此外,由于当前我国文化企业参与国际贸易的经验相对不足,文化企业在知识产权保护力度方面的意识和行为都比较薄弱,建立上合组织成员国文化贸易案例指导机制还可以为文化企业参与国际贸易提供指引,稳定预期,减少贸易摩擦。

附一 《上海合作组织成员国政府间文化合作协定》

上海合作组织成员国政府（以下简称"各方"），

本着在互相尊重与平等的基础上巩固和发展上海合作组织各成员国人民之间友谊与合作的愿望，

遵循 2002 年 6 月 7 日签署的《上海合作组织宪章》的宗旨和原则，

认为巩固上海合作组织成员国间文化领域的合作有着重要意义，

考虑到文化领域传统的密切和富有成效的合作关系，

力求在平等和尊重各国民族文化独特性的原则基础上进一步扩大和巩固互利合作，

兹达成协议如下：

第一条

各方依照国际法准则和各自国家法律，在音乐、舞台艺术、造型艺术、电影、档案、图书馆和博物馆事务、文化遗产保护、民间工艺、实用装饰艺术、业余文娱事业和杂技艺术等领域，以及其他创作活动方面进行合作。

第二条

各方将进一步加强合作，并为此视情建立各国文化合作领域的信息和法律基础。

第三条

各方在单独的国际条约和本国法律的基础上，在培训和提高文化和艺术专业人才方面进行合作，同时也支持各国文化艺术院校之间建立直接联系。

各方就上海合作组织成员国境内举行的文化活动交流信息（包括各种进修班、比赛、国际会议、学术讨论会、圆桌会议、定期会议、艺术节及其他创作和科研经验的交流形式），并促进本国代表参加上述活动。

第四条

各方将依照国际法准则和各自国家法律，在各自职权范围内，在上海合作组织成员国境内开展对非法出境文物实施调查和归还方面的合作；采取措施防止文物非法入出境；交换上述问题的相关信息；促进非法流失文物的归还。

第五条

各方在保护、保存和修复文物和文化遗产项目方面进行合作，促进上海合作组织成员国文化领域内国际项目实施方面的相互协作。

关于合作的形式，专家小组的构成和工作规章等问题将另行签署单独国际协议及其他文件。

第六条

各方在电影领域开展合作，包括各国国家电影资料库、电影档案馆之间的合作。

各方促进：

——上海合作组织各成员国电影发行机构，以及电影工作者机构和创作协会之间的合作；

——电影、艺术家和电影工作者，依照电影节章程，参加上合组织成员国境内组织的国际电影节；

——各成员国在非商业基础上进行电影合作项目的实施和影片的交流。

第七条

各方致力于扩大在传统文化和民间手工艺领域的联系、鼓励组织民间艺人展览和民间创作艺术节，促进民间艺术团体参加上海合作组织成员国境内举行的各种演出、文化活动和民族节日。

第八条

为深化文化学领域多边合作，各方可在双边条约的基础上交换上海合作组织各成员国有关文化、历史、地理及社会发展的档案、科研及其他材料。

第九条

各方将在出版业、图书和其他印刷品出版、文学作品、学术及专业著作翻译等领域开展合作、并在上海合作组织成员国境内举办图书展览及博览会。

关于具体合作形式将另行签署单独国际协议及相关文件。

第十条

各方在各自职权范围内并根据本国法律，交换版权保护及相关法规的信息。

第十一条

各方将开展合作，实施各方感兴趣的、有关发展青少年和儿童创作的文化领域多边计划和项目。

第十二条

除非其他国际条约另有规定,实施本协定框架内活动的财务条款如下:

派出国负担本国艺术团、代表团及个人的国际旅费、道具运输费、本国境内的海关费用和机场费、演员演出费(视合同规定)、医疗保险费;

接待国按照本国法律负担在本国境内的食宿费用、提供交通服务、租赁演出场地费用和必要的技术支持、各种广告、技术人员及相关辅助服务、翻译、本国境内的海关费用和机场费,以及组织文娱活动;

举办展览和其他活动的条件,以及各方责任(期限、展品运费、随展人员旅费、海关和仓储费用、安保措施、保险),需由相关各方在每个具体项目中商定。

第十三条

为协调在实施本协定过程中的共同行动,协商和执行文化领域合作框架内的具体活动项目,各方成立上海合作组织成员国文化合作常设专家工作组。

专家工作组每年至少召开一次会议,或根据需要召开(应两国或更多国家要求),以对本协定的完成情况作出总结,并制定下一步战略。

第十四条

各方根据需要共同制定文化领域计划和项目。

第十五条

在各方同意的情况下,可对本协定进行补充和修改,并就此形成单独议定书,作为协定不可分割的一部分。

第十六条

如对解释和适用本协定发生分歧,各方以谈判和磋商的方式解决。

第十七条

本协定框架内合作活动的工作语言为汉语和俄语。

第十八条

本协定不涉及各方因参加其他国际条约而承担的权利和义务。

第十九条

本协定对任何被吸收为上海合作组织新成员的国家开放。

对加入国而言,本协定自保存机关收到加入书之日起的第 30 天生效。

第二十条

本协定保存机关为上海合作组织秘书处。秘书处应在本协定签署之日后的 30 天内将核对无误的副本分发各方。

第二十一条

在本协定终止时,其条款对正在实施中的计划和项目仍然有效,直至有关计划和项目最终完成。

第二十二条

本协定无限期有效,自保存机关收到各签字方关于本协定生效的国内程序全部完成的最后一份书面通知之日起生效。

任何一方有权退出本协定。如退出,至少在退出之日前3个月向本协定保存机关提交书面通知。保存机关在收到退出通知之日后30天内通知其他各方。

本协定于2007年8月16日在比什凯克签署,正本一份,用中文和俄文书就,两种文本具有同等法律效力。

附二 《上海合作组织成员国政府间教育合作协定》

上海合作组织成员国政府（以下简称"各方"），

为在相互尊重和平等的基础上发展和巩固上海合作组织成员国人民之间的友好和合作关系，

忠实于2002年6月7日签署的《上海合作组织宪章》的宗旨和原则，

重视加强上海合作组织成员国间在教育领域的合作，

考虑到在教育领域传统的密切而富有成效的联系，

为在平等、独立并保持各方国家教育体系完整的原则上进一步巩固和发展互利合作，

达成共识如下：

第一条

各方根据各自现行国内法规开展教育领域的合作，交流各方国家教育改革经验和信息。

第二条

各方支持教育一体化进程的发展，为此并根据需要，建立关于各方国家教育政策的信息和法律基础。

第三条

各方促进各方国家教育机构和组织的各类学生和科研教学工作者的相互交流。

交流的规模、财务事项以及其他事项，每年将由各方国家教育管理部门以议定书的形式确定。

第四条

各方交换各方国家教育法规的信息、教育问题的材料。

第五条

各方联合举办关于教育领域多边合作具体领域的科研实践学术会议、座谈会、研讨会和圆桌会议。

第六条

各方推动各方国家教育机构和组织间建立直接联系。

第七条

各方鼓励各方国家教育机构和组织的学生相互参加国际奥林匹克竞赛、大奖赛、联欢节，以及联合举办的生态、旅游、体育及其他领域的活动。

第八条

各方在提高教育质量，交换各方国家教育机构和组织及其教育项目的许可、认证、评估程序的信息方面开展合作。

第九条

各方促进上海合作组织成员国教育机构和国家教育主管部门颁发的标准式样的学历证书互认和对等机制的建立。

第十条

每方根据各自可能，鼓励在各自教育机构和组织内以最为可行的方式研究其他各方国家的语言、历史、文化和文学。

第十一条

各方根据协商交换涉及各自国家历史、地理和社会政治发展方面的材料和档案文献，以用于教学过程。

第十二条

各方促进成员国各方学生社团之间的合作。

第十三条

实施本协议的财务条件如下：

（一）本协定框架内交流人员的旅费（到达对方教育机构的往返旅费）由交流人员本人和（或）派遣组织和机构负担。

（二）接受方依据各自现行法规免收本协定框架内交流人员的学费，保障其无偿使用图书馆、教学实验设备，并向其提供奖学金和住宿。

（三）接受方依据各自现行医疗法规向本协定框架内交流人员提供医疗服务，派遣方应确保交流人员享有医疗保险。

（四）各方均不负担学生和科研教学工作者家庭成员的有关费用，也不为其提供住宿和工作。

第十四条

为协调实施本协定，协商和实施教育领域的具体合作计划，各方将成立上海合作组织成员国常设教育合作专家工作组。

专家工作组每年至少召开一次会议，或根据需要，在两个或两个以上成员国的倡议下召开会议，总结本协定实施情况，并制定实施建议。

第十五条

在各方相互协商一致的基础上，可以签署议定书的形式对本协定进行修改和补充，议定书是本协定不可分割的组成部分，其生效程序与本协定第二十一条规定的程序相同。

第十六条

当各方对协定的适用和解释产生分歧时，将通过谈判和协商的方式解决。

第十七条

汉语和俄语是在本协定框架内开展合作的工作语言。

第十八条

本协定不影响各方参加的其他国际条约所规定的权利和义务。

第十九条

本协定开放，供成为上海组织成员国的任何国家加入。

本协定自新成员国向保存方交存加入文件后第30天起，开始对其生效。

第二十条

本协定的保存方为上海合作组织秘书处，由其负责在协定签署后15天内向各方提供核证无误的协议副本。

第二十一条

本协定有效期不确定，并在保存方收到各方已完成各自国内生效程序的书面通知后生效。

任何一方在向保存方递交关于退出本协定的书面通知90天后退出本协定。保存方应在收到退出通知后30天内将该信息通知其他各方。

在终止执行本协定的情况下，根据本协定正在实施项目所涉及的有关条款仍然有效，直至项目完成。

本协定于二〇〇六年六月十五日在上海签订，正本一式一份，用中文和俄文写成，两种文本同等作准。

第二章

山东与俄罗斯文化交流对策研究

近年来，山东为服务国家经济建设、文化外交，积极探索同海上"丝绸之路"沿线国家和地区合作机制，拓展整合对外文化交流资源的有效途径，形成了与多国家多地区多方式、多层次的文化交流格局，为山东国际经济文化发展创造了良好条件。

第一节 国际文化交流的重要意义

一、经济全球化对国际文化交流的影响

随着经济全球化进程的推进，国际文化交流日益密切，在经济全球化的进程中，文化交流不可避免，不同文明的碰撞与冲突也会发生，文化交流与文明互鉴是全球化时代必须面对的问题。对应经济全球化，有学者提出了文化全球化的概念，认为文化全球化是指不同的生产方式、消费方式和观念相互认同、相互渗透、相互吸收，从而呈现出一定的同质化文化发展趋势。它是在相对独立的民族和国家的文化基础上，在平等的世界交往中，通过不同类型文化的互补和同化而形成的人类共同文化。❶经济全球化推动着文化全球化的趋势。尽管学术界对文化全球化的存在及其利弊持不同看法，但是在全球化进程中，不同文化之间都存在着冲突和对话，在全球范围内多种文化共存已成为现实。全球化本身就是一个充满矛盾的集合，这是一个国际化与民族化、聚集化与边缘化交织的过程，也是一个利弊并存的复杂过程。因此，在全球化进程中，不同民族、国家和地区的文化相互吸收、融合、创新，甚至可能被同化。同时，不同文化之间也存在着摩擦、排斥甚至对抗。❷全球化以整体性和包容性作为背景，同时使它能够处理一个似乎同时显示一体化和差异化进程的世界的经验复杂性。全球化的多维性与复杂连接性观念密切相关。因为全球化所建立的联系，其复杂性延伸到社会的各个方面：经济、政治、社会、个人、技术、环境、文化等，全球化现象本质上是复

---

❶ 郑丽丽.文化全球化背景下的文化整合与民族文化创新[J],内蒙古大学学报,2005（1）:68.

❷ 方浩范.对文化全球化与边缘文化的思考[J].长白学刊,2005（4）:95-98.

杂和多层面的，给我们传统上把握社会世界的概念框架带来了压力。❶ 文化全球化的发展已明显成为大势所趋，没有人能不受其影响。然而，国际文化交流或者文化全球化的趋势，不同文化应该是平等的交流，不同文明可以互鉴，绝非像西方一些人鼓吹的那样，借文化全球化之名向世界推销以美国为代表的西方文化。某种意义上，全球化和去全球化是同一枚硬币的两面，建立人类命运共同体是当今世界发展的必由之路，文化全球化可能难以形成，但人们不能因此而否定不同文化的相互学习、接受和融合。在经济全球化背景下，开展国际文化交流具有重要的现实意义。

开展国际文化交流活动，有利于推动中华文化走出去，向世界展示更多具有中国特色、体现中国精神、蕴藏中国智慧的优秀文化，有利于积极宣传我国和平发展的理念和成就，不断扩大知华友华的国际舆论朋友圈，推动与世界各国关系的全面发展。

二、上海合作组织框架下的人文交流

参与国际人文交流合作是每个国家在国际舞台上确保其国家利益的外交政策重点之一。在这方面，上海合作组织成员国对国际人文交流合作高度重视，因为该组织的发展目标之一是创造一个共同的人文交流空间。根据《上海合作组织宪章》，人文交流合作是本组织的优先事项之一。2002年6月7日的《上海合作组织宪章》第三条确定了本组织内部的主要合作领域，包括人文交流合作，即"发展科技、教育、卫生保健、文化、体育和旅游等领域的互动"。上海合作组织成员国元首多次强调，本组织应更加重视人文交流合作议程，它正成为上海合作组织和本组织成员国双边互动的动态发展领域之一。上合组织人文交流合作最成功、最富有成效的领域是教育和文化，而卫生保健方面的合作最近也呈现出增长趋势。2007年8月，上海合作组织比什凯克峰会上签订的《上海合作组织成员国政府间文化合作协定》是上合组织成员国文化合作的纲领性文件，为发展上合组织多边文化交流合作奠定了法律基础。该协定指出，各方依照国际法准则和各自国家法律，在音乐、舞台艺术、造型艺术、电影、档案、图书馆和博物馆事务、文化遗产保护、民间工艺、实用装饰艺术、业余文娱事业和杂技艺术等领域，以

---

❶ John Tomlinson.Globalization and Culture[M].Chicago：University Of Chicago Press,1999:26-28.

及其他创作活动方面进行合作。在该协定框架下，从 2008 年开始，各方先后签署执行了 5 个年度文化合作计划，全面、合理、有效地推动该协定各项内容落到实处。❶

多年来，上海合作组织成员国在文化、教育、科技、体育、旅游、环保、卫生保健、青年政策、媒体等领域开展了务实合作。上合组织成员国文化部长在第一次相关会议上通过了本组织多边文化合作计划。2005 年以来，文化艺术节与上合组织峰会同步举行。同时，本组织成员国特别重视艺术、科学和技术领域的合作。在上海合作组织峰会期间举办各类艺术活动已成为本组织成员国和观察员的传统。此外，上合组织成员国教育部、科学部和文化部也定期举行会议。值得注意的是，一年一度的上海合作组织峰会举办了艺术节。人文交流领域的合作为加强上海合作组织成员国之间的友谊奠定了坚实的基础，发展势头日益增强。由于每个国家都有具体的人文交流资源，本组织的成员国具有进行互动的巨大潜力。我们应该注意到中亚各国人民之间有着数百年的密切文化联系，这种联系增进了彼此之间的相互了解，有助于丰富彼此的民族文化。同时，我们也应该注意到，几个世纪以来，中亚地区各国深受俄罗斯文化的影响，俄语是该地区的通用交流语言。因此，上海合作组织为成员国之间的人文交流与合作提供了独特的条件。❷

三、中国文化"走出去"的意义和路径

中国传统文化在内涵和精神特征上反映了人类的共同愿望，反映了世界各民族人民对美好世界秩序、民族国家和人际关系以及生活条件的共同追求，易于为世界人民所理解和接受。中国传统文化是中华民族的文化瑰宝，是东方传统文化的中轴和主流，是全人类宝贵的精神财富。今天，随着人类历史的发展，中国对世界的贡献不再局限于经济领域。中国传统文化经过不断地发展和阐释，呈现出

---

❶ 高晨. 绽放多样文明　谱写和美华章：上海合作组织 20 年文化合作成就与未来 [N]. 中国文化报, 2021-09-15（004）.

❷ Anatoly Tsvyk, Galina Tsvyk. Humanitarian Cooperation between Russia and China within the Shanghai Cooperation Organization[C]. Proceedings of the 3rd International Conference on Contemporary Education, Social Sciences and Humanities（ICCESSH 2018）（Advances in Social Science, Education and Humanities Research, VOL.233）, 2018:1489-1492.

新的时代价值和世界价值。中国传统文化是世界文化的重要组成部分，有利于实现世界和平共处、共同发展的美好愿望。中国传统文化具有强大的生命力，影响着中华民族和世界。中国道路、中国模式和中国经验引起了世界的广泛关注。中国传统文化必须"走出去"，尊重文化多样性，以接受的精神接受不同地区、不同民族的文化习俗，通过互利合作、相互学习，共同应对全球性问题的威胁和挑战，促进世界的共同发展。

中国传统文化中蕴含的自然和人文精神，为当今世界解决自然问题提供了智慧。中国传统文化认为人与自然是一体的关系。人与自然和谐相处，真正尊重自然，遵循自然规律。只有遵循自然规律，才能实现自然资源的可持续利用。中国传统文化的深厚价值为当今世界解决一系列环境保护问题提供了文化基础。提炼人与自然关系的文化精髓，可以凸显中国文化的世界影响力。中国传统文化所倡导的民族交往艺术是构建世界和平稳定新秩序的文化基石。中国传统文化倡导全人类的友谊与和谐，为建立国际政治新秩序奠定了最广泛、最坚实的基础。中国一贯奉行独立自主的和平外交政策。利益观、合作共赢观、和平共处观是构建和平稳定世界秩序的核心内容。中国传统友好交往文化对解决世界一体化进程中的单边主义、保护主义、零和思维等问题具有重要作用。中国传统文化所蕴含的价值目标符合世界人民对美好生活的向往。中国传统文化充满人文情怀和"以天下为己任"的自强不息精神，有助于激励各国人民为建立公正合理的世界新秩序而不断努力。在世界联系日益紧密的背景下，中国传统文化有利于促进人类未来共同体的建设，赋予其深厚的文化底蕴和持久的生命力。中国传统文化的活力和时代的活力，在世界上显示出它的影响力和感染力。

中国传统文化传播必须依靠国家政策支持和政府机构布局。它既需要宏观层面的深刻思考，也需要实践层面的合理操作和科学安排。有必要借鉴文化传播的相关经验，结合中国传统文化的特点提出创新路径，在创新路径的基础上推进中国传统文化传播，促进中国传统文化在传播过程中的创新，实现良性循环。文化交流体系的建立有利于不同地区的相互了解和协调发展，为国际社会提供和平稳定的发展环境，促进相关国家的贸易往来，拉近地区各国之间的距离。找准文化定位，丰富文化内涵，丰富媒体，营造良好的社会文化环境。在保持中国传统文化独特性的基础上，寻找与其他国家和民族相对一致的观念和规范。通过针对目标群体，提出有针对性的文化传播形式和内容，提升中国传统文化的国际认可度。在文化内涵上，基于中国传统文化的特点，运用国际文化解读，增强共鸣感，增强国际认同；在时间维度上，中国传统文化必须立足于时代背景，体现时代特征，与国际文化接轨，与时俱进。改革开放以来，中国发生了巨大的变化。世界各国人民有必要重新认识中国，展示中国的良好形象。❶

伴随着对外经济与贸易的发展，中国对外文化影响力与话语权在不断提升，中国传统文化借助现代文化市场与互联网传播等方式形成了更广范围的影响力。近年来，中国的国际影响力和话语权不断提升，作为具备积极影响力的大国，中华文化在世界上的传播范围逐渐扩大，很多国家逐渐掀起"中国热"，为中国文化带来更加蓬勃的生机。❷

第二节 中俄文化交流的历史及特征

一、中俄文化交流的历史

中俄作为邻国，迄今为止已经有超过四百年的关系史，已经形成了十分稳固的政治以及经济等方面的联系，中俄相互之间的友好对于彼此的战略发展极具价值。而中俄想要实现进一步的合作与共同发展，文化就成为不容忽视的根基所在，只有双方在充分实现文化交流的基础之上，才能推进彼此的理解，也才能制定出更为有效的区域协作方案。

（一）中俄文化各具特点

文化作为一种社会思想形态出现，承载着社会观念、制度以及结构等诸多内涵，是一个国家或者一个地区传统习俗、风俗习惯、行为思维、宗教观念等的综合表达，也因此成为地区之间差异化的重要标志。从文化的角度看，中国文化历史更为久远，并且在发展过程中形成了以儒学为突出代表的文化体系，进一步成为中华民族精神的重要核心。孔孟思想对于中国文化的影响不容忽视，也因此形

---

❶ Zhuanghui Wang. Research on the Paths of Chinese Traditional Cultural Communication under the "Belt and Road Initiative" Construction[P]. 2020 3rd International Conference on Interdisciplinary Social Sciences & Humanities,2020.

❷ 谢钦,李旭清.从"引进来"到"走出去"：跨文化交流下中国传统文化的嬗变[J].广西社会科学,2020（08）:146-150.

成了中国更为内敛的文化风格,这种特征进一步造成中国在历史上鲜有扩张意识,更多保持一种对于传统的固守,而改革创新略有缺失。这种中国文化的具体情况体现在当代社会中,就是传统中国文化与近代文明的融合难度,较西方文化而言需要更长的过程。与之相对,通常认为俄罗斯文化的形成时间较短,只有一千年左右的发展历程,并且一直都与宗教保持了密切的联系。18世纪后,彼得一世开始提倡欧化政策,俄罗斯开始对西方先进的近代文明保持开放,而后才实现了俄罗斯与西方先进文化的融合,最终形成了当前的俄罗斯新文化体系。在这种传统民族文化的基础上,俄罗斯融合了西方先进文化而形成的新的文化形态,打造了具有对外扩张意识的文化特征,并且其国土横跨亚欧大陆,更是让俄罗斯文化中增加了帝国主义的色彩。虽然如此,宗教在俄罗斯文化中的影响同样不容忽视,这种源于对于宗教的平衡和追求以及对于信仰的强调,同样出现在俄罗斯文化体系中,使得俄罗斯文化成为一个略带有矛盾的混合体。

(二)中俄两国文化交流历史悠久

从中俄两种文化自身的体系特征角度看,其差距较大,因此二者之间的沟通,更加有着不容忽视的意义。文化的沟通在中俄两国之间可谓历史悠久,几个世纪以来在持续发展着。最早可以追溯到成吉思汗西征。1223年,成吉思汗战胜基辅大公建立蒙古政权,此时已经形成了最初的中俄文化沟通形态。19世纪80年代末,俄罗斯曾掀起一股研究俄罗斯民间文化的亚洲渊源的民间文化,学者揭示了鞑靼文化对石器时代俄国影响的深远程度。他们还揭示或者至少是暗示了,草原上的俄罗斯农民的许多民间信仰都有其亚洲渊源,在宗教仪式中发现了萨满教的仪式,以及俄罗斯农民在宗教仪式中使用图腾等。[1]18世纪的罗索欣和列昂季耶夫以及19世纪的比邱林和瓦西里耶夫等俄罗斯中国学家的丰富著作满足了俄罗斯大众了解中国文化的需求,推动了中国文化在俄罗斯的广泛传播。在苏联十月革命以及中国五四运动前后,中俄开始了大规模的文化沟通,迄今为止已经走过了一个世纪的历程。

从五四运动开始,当时的中国知识分子为了实现对于中国文化发展的推动,大量引入国外文学,苏俄文化因此而进入中国。从这个时期,一直到新中国成立之后的十几年中,苏联文学、电影、哲学、经济学、教育、自然科学、音乐、舞

---

[1] [美]奥兰多·费吉斯. 娜塔莎之舞:俄罗斯文化[M]. 郭丹杰、曾小楚译,成都:四川人民出版社,2018:428.

蹈、美术等诸多文化形态都在中国有不同程度的体现，戏剧界对于斯坦尼司拉夫体系的熟知，在那个年代不亚于京剧，更有包括《复活》《安娜·卡列尼娜》《战争与和平》等翻译作品出现，而在电影方面，《列宁在十月》《上尉的女儿》《白昼》以及《保卫察里津》等，都给中国电影受众留下了深刻的印象。与此同时，中国的京剧、文学作品和工艺品等也在俄罗斯社会中赢得了一席之地。新世纪前后约30年间，中俄两国文化交流进入了一个新阶段。由政府主导，有计划、有重点地全面推进，突显出顶层设计和战略眼光，使得中俄两国在文化交流方面的广度和深度都保持了良好的状态，亦可以说提升到了一个新的水平。尤其是21世纪以来的发展，开创了两国关系的新纪元。随着我国改革开放的深化和对外交流的进一步扩大，异质文化精华的借鉴吸收已经成为我们现代化发展的必经环节。

2001年7月，中俄两国签署了《中俄睦邻友好合作条约》，这是中俄关系发展史上的一个重要里程碑，条约将两国"世代友好、永不为敌"的和平思想用法律的形式确定下来，成为指导中俄关系发展的纲领性文件，也是深入开展中俄文化交流的可靠保障，为两国关系的稳定发展和文化交流长期、健康进行提供了良好的外部环境。两国毗邻地区的文化交流活动因此更为活跃，比如，黑龙江、新疆、内蒙古等省、自治区由于毗邻俄罗斯，具有地缘优势，是中俄文化交流活跃的地区，它们在中俄文化交流方面走在前列。中俄两国的文化交流一开始就具有明确的方向和目标，注意制定可行性计划并努力践行。1992年，中俄两国签订了《关于中华人民共和国和俄罗斯联邦相互关系基础的联合声明》，《声明》中第十九条对两国文化交流做出了规定。1992年12月，中俄签署了《中华人民共和国政府和俄罗斯联邦政府文化合作协定》，并于1993年实施。1992年，中俄两国文化交流达到了一定规模，双方人员往来达六十多次。1993年，两国在文化、艺术、新闻出版、影视、体育等领域团组互访共115次，1735人次，几乎是1992年的两倍。此后，中俄两国文化合作议定书的签署常态化，中俄在文化合作协定框架内陆续签订了7个文化合作议定书，中俄文化交流得以在更高的层面以更快的速度向前发展。❶

二、中俄文化交流的特征分析

中俄是相依为邻的两个大国。中俄两国人民有着悠久的传统友谊，文化交流

---

❶ 肖玉秋. 中俄文化交流史：中华人民共和国卷 [M]. 天津：天津人民出版社，2016:5-7.

历史源远流长。文化上的相互认同，使我们在许多问题上有共同的认识，有共同的语言，有相互的信任。对于中俄文化交流的状况，呈现出多方面的突出特征。

其一，在于政府主导成为这个沟通过程中的重要力量，并且这种力量在很多情况下决定了两国文化交流的方向。

其二，中俄文化沟通在广度和深度两个层面都保持了良好状态，这种特征在很大程度上源于政府主导，是任何源于社会的自发力量都无法保证的。

（一）两国政府主导成为文化沟通过程中的重要力量

中俄两国政府主导，有计划有重点地全面推进，突显出顶层设计和战略眼光。从政府主导的方面展开分析，可以发现最近约30年来，中俄文化交流总体发展顺利，两国文化部每年召开中俄文化合作分委会，定期互办文化节，特别是"国家年""语言年""中俄青年友谊年""旅游年""中俄媒体交流年"等活动的举办，使两国的文化交流提升到了一个新的水平。中俄两国元首和政府首脑共同关怀策划甚至亲自参与，中俄两国政府相关方面密切合作、积极推动。

1992年，中俄签订了《文化合作协定》，确立了中俄文化交流的基本思路，随后定期的互访以及相关文化合作计划的签订，都成为这一协定的落实。2000年12月，中俄在总理定期会晤机制框架内成立了中俄教文卫体合作委员会，下设教育、文化、卫生、体育、旅游、媒体、电影7个领域合作分委会和档案合作工作小组，负责定期讨论制定委员会和分委会的工作计划，总结工作计划的执行情况，为中俄人文交流的开展提供了重要的机制保障。2001年7月，中俄两国签署了《中俄睦邻友好合作条约》，第16条中指出："缔约双方将大力促进发展文化、教育、卫生、信息、旅游、体育和法治领域的交流与合作。"[1]这一条约的签订，开启了中俄人文交流合作的新篇章。2001年9月，《中俄总理第六次定期会晤联合公报》确立，其中确定了文化节的发展思路，并且制定了包括电视、电影以及戏剧等多种艺术领域的合作。2004年是中俄两国建交55周年。中俄两国元首倡议将2004年定为"中俄青年友谊年"，在两国青年中开展了旅游论坛、科技论坛、代表团互访等丰富多彩的活动，增进了两国年轻一代的了解和友谊。2005年7月由中俄两国元首共同确定2006年和2007年中俄互办"国家年"活动，在中俄互办"国家年"期间，双方共举办500多场形式多样的活动，使两国民众对

---

[1] 中华人民共和国外交部欧亚司.中俄建交60周年重要文献汇编[M].北京：世界知识出版社，2010:390.

对方悠久的历史、灿烂的文化传统、民族传统精品和国家建设成就有了更多更深的了解，在两国掀起了"俄罗斯热"和"中国热"。俄罗斯前驻华大使罗高寿[1]曾说，据民意调查结果显示，俄罗斯人认为中国是与俄罗斯最友好的国家。在俄罗斯"友好国家排行榜"上，中国排在第一位，这是前所未有的。他认为，这得益于过去两年俄中互办"国家年"。在"国家年"框架内共举办了500多项活动，使两国和两国人民加深了相互了解，两国地区间合作也由两国接壤地区扩展到整个俄罗斯和全中国。他还说，在莫斯科闭幕的"中国年"，使俄社会各界比过去任何时候都更好地了解了中国这个伟大邻邦，尤其是俄罗斯青年。过去俄罗斯青年对中国知之甚少，他在担任驻华大使期间曾经为此而苦恼。而现在，俄中经常举行有关两国的知识竞赛、文艺演出，两国间人员往来也日益频繁，这些都促进了相互了解。中国与俄罗斯成功互办"国家年"，掀起了中俄人文合作的新高潮，创造了两国人文合作的新模式，使中俄人文合作推向新的水平和阶段。随着中俄人文交流领域的不断拓展，中俄教文卫体合作委员会于2007年7月正式更名为中俄人文合作委员会。随着中俄两国战略协作伙伴关系的全面发展和不断深化，中俄两国于2011年决定将"战略协作伙伴关系"提升为"全面战略协作伙伴关系"，为中俄人文交流的深化和拓展奠定了坚实的政治基础。如2012年和2013年，中俄互办"旅游年"重大主题年活动隆重登场。为加深中俄两国青年间相互理解与友谊，巩固世代友好的理念，中俄两国在2014年和2015年举办"青年友好交流年"大型主题年活动。这是两国第一次举办跨年度的主题年活动。2017年6月25日，中俄媒体论坛在俄罗斯圣彼得堡举行，双方十多家传媒机构签署了9份协议，为中俄媒体交流年奠定了坚实的基础。2015年5月8日，习近平同志赴俄出席卫国战争胜利70周年。庆典期间，中俄两国元首共同宣布，将于2016年和2017年举办"中俄媒体交流年"。

（二）中俄文化交流的广度加大

在中俄文化交流的广度方面，除了科技以及文化等方面的合作与沟通以外，媒体、艺术形态以及学术等多个方面都有合作和交流。如2005年，中俄双方互派艺术团体，参加在对方国家举办的纪念卫国战争胜利60周年和抗日战争胜利60周年庆祝大会。而双方互办"语言年"又是中俄两国为推动中俄友好和人文

---

[1] 罗高寿，俄联邦委员会（议会上院）议员、国际事务委员会委员，从事外交工作多年，1992—2005年任俄罗斯驻华大使。

交流的重大举措。

从 2008 年起,在中俄两国轮流举办"俄罗斯文化节"和"中国文化节"、中俄教育合作周、中俄大学生艺术联欢节、中俄电影交流周等活动。

2009 年,中国的"俄语年"活动有:召开关于俄语教学和俄罗斯文学方面的学术研讨会、组织文学及美术作品展览、举办俄语竞赛、征文比赛、歌曲大赛、校长论坛,大中小学生通信、大中小学校结对子,学生联欢。文艺演出、文艺晚会、中央电视台开播俄语频道、节目赠送等活动超过 260 场,范围涉及中国的 14 个省、4 个自治区、4 个直辖市和 26 个城市。中国开设俄语专业的 100 余所高校的数十万大学生直接参与了各项活动,社会各界直接和间接参与的人数达上亿人次。从领导机构看,从中央到地方各级、中国各省市自治区都有参与。俄方在中国高校设立了 5 个俄语中心,建立了 4 个中俄"大学生交流基地"。2010 年,俄罗斯"汉语年"内容涉及教育、文化、媒体、电影和新闻出版等领域,活动形式包括学术研讨、语言和歌曲大赛、学生联欢和通信、文艺演出、大型展览、主题周、音乐周文化周、图书出版、互译论坛、开设相关电视广播节目等十余类。中国在俄罗斯一年内就新建了 5 所孔子学院,国家汉办为俄罗斯提供了 500 名教师及学生的进修名额,并输出了包括《快乐汉语》《汉语乐园》在内的 9 种俄译本汉语新教材。同时搭建了包括"国家年"以及"语言年"等多个层次的中俄文化交流环境,为文化交流构建起稳定的平台。

2010 年 9 月 28 日,北京俄罗斯文化中心正式启用。它坐落于北京东直门内大街 9 号上院公寓 A 座。俄罗斯驻华大使拉佐夫在揭幕仪式上说:"该中心的活动宗旨是开展人文领域的合作,了解俄罗斯创新技术的发展,展示文化、科学和体育领域取得的成就。"[1] 中国人民对外友好协会会长陈昊苏致辞。他说,2009 年是中俄建交 60 周年,现在中俄关系进入新的发展时期,民间外交是基础,要把人文合作放在重要地位,人文精神决定国家发展的前景。中俄两国应加强人文合作,在国际领域中做出努力。回顾过去两年,中俄两国间的民间合作,润物细无声。他希望继续保持良好的合作关系,并进一步加深这种关系。季塔连科长期从事对中国的研究工作,是俄罗斯知名汉学家和亚太地区国际关系问题专家,他始终走在中俄文化交流的前列。在会上他表示,中国是他的第二故乡,他展示撰著

---

[1] 王莺.加强人文领域合作创造睦邻友好平台:俄罗斯文化中心在北京揭幕[J].俄罗斯中亚东欧市场,2011(2):52-55.

的《中国精神文化大典》《汉语的大世界》《汉语在中国内外》以及《东正教在中国》等书，让在座的嘉宾有机会见证了中俄文化交流史上的又一件大事。该中心还开设了圣彼得堡俄罗斯博物馆虚拟分馆等，此外，该中心每年举办大量文化活动，为传播两国文化，切实增进两国人民间相互了解和友谊搭建了重要平台。2012年12月，莫斯科中国文化中心揭牌运行。时任俄罗斯总理的梅德韦杰夫表示，在莫斯科和北京开设文化中心，无疑，将为俄中两国人文领域交流注入新的活力。中俄两国互开文化中心将向两国人民介绍双方的精神遗产并展示其丰富的科学和文化潜力，以扩大中俄两国人民间的交往，特别是年轻人之间的了解。

中俄互办"旅游年"推动中俄两国旅游合作机制不断完善，双方先后举行了中俄人文合作委员会旅游分委员会会议、中俄旅游安全磋商、中俄旅游教育论坛、第三届中俄地区旅游合作交流会议等活动，有力促进了两国旅游合作的深化和发展。中国、俄罗斯互为重要旅游客源国和旅游目的地国。2015年6月25日，中俄媒体论坛在俄罗斯圣彼得堡举行，双方十多家传媒机构签署了9份协议，为"中俄媒体交流年"奠定了坚实基础。2016年3月25日，第二届中俄媒体论坛在北京开幕，来自两国相关政府部门和48家媒体的负责人围绕建设"一带一盟"与中俄媒体交流合作议题进行了广泛深入的研讨。本届论坛再次签署十项合作协议，包括联合采访、联合拍摄、共同办展、合作出版专刊特刊建设、项目建设等，涵盖报纸、广播、电视、新媒体等诸多业态。❶ 目前，中俄友好、和平与发展委员会下设的媒体理事会已经成为两国媒体交流与合作的有效平台。❷ 在媒体交流年框架内，中俄媒体合作分委会已就共同举办包括中俄媒体政策交流、主题报道、影视精品、合拍与互拨、翻译出版、精品书刊、新兴媒体交流、媒体合作和教育培训等一系列大型活动。正在积极筹划和紧锣密鼓地推出。中俄双方媒体将开展形式多样的对话交流和新闻产品互换，推动人员往来分享技术进步，实现联合采访、制作和发行，推动两国新媒体广泛合作对接，搭建中俄媒体间互联互

---

❶ 王俊鸣.第二届中俄媒体论坛助推"一带一盟"对接合作 [EB/OL].[2016-04-24].http://tech.hexun.com/2016-03-26/182976416.html.

❷ 王德禄.中俄两国启动媒体交流年活动 [EB/OL].[2016-03-26].http://news.if-eng.com/a/20160107/46979269-0.shtml.

通、互信互利的新型合作平台。[1]

中俄边境地区的交流活动尤为广泛。尤其是在中国北部地区，有些乡镇会出现两国人民混居的情况，更有俄罗斯人将工厂搬到中国。共同的生活空间让这些乡镇和城市成为中俄两国文化交流的核心地区，并且面向全国形成发散。而从深层的角度看，两国留学生均有较大规模，并且相关的文化活动层出不穷，成为两国文化交流的重要推动力量。

（三）中俄文化交流不平衡的状态

中俄两国从地理位置上相邻，因此一直以来在文化领域的沟通都保持存续状态。但是中俄文化自身的特征决定了这种沟通一直都呈现出一边倒的状态，即中国文化的输出总量要远远小于俄罗斯文化的输入量。解决这一问题，是深化双边文化交流，促进两国关系不断发展的关键。郭沫若曾经在《中苏文化之交流》中将这种状况形象地比喻为"洪流与溪涧"，即俄罗斯文化进入中国堪比洪流，而中国文化的输出则是溪涧。这种状况随着中国的开放政策有明显的改变，但是一边倒的状况并未得到彻底改善。与此同时，俄罗斯民族文化归属的问题也仍然处于模糊状态，横跨亚欧大陆的俄罗斯，之前一直都很注重欧洲文化的引入，但是近年来却呈现出越来越注重东方文化的特征。这样的情况，导致俄罗斯人对于中国文化的接触较少，大多数俄罗斯人了解中国，更多只是借由中国商品和中国商人管窥而已；而中国人对于俄罗斯的了解，则更多停留在过去，尤其是新中国成立前后时期。

（四）中俄文化交流的积极价值

虽然中俄文化沟通一直呈现不平衡的态势，但是这种沟通的价值却不容忽视。

（1）中俄双方都拥有十分深刻的文化体系，即便是历史较短的俄罗斯文化，也具有完整的体系。这样的两种文化的沟通，于端正对彼此的观点和认知而言有着不容忽视的积极价值，并且也只有充分地沟通，才能实现两个国家不同群体的进一步接触。更为重要的是，文化的沟通对于双方多方面合作有着不容忽视的积极价值，这其中不仅包括科研领域的合作，也必然包括经济贸易的更频繁往来。文化交流是为经济、政治等其他领域的交流搭建的一个平台。俄中友协第一副主

---

[1] 王毓韵.中国驻俄罗斯大使李辉接受俄主流媒体访华团联合采访[EB/OL].[2011-03-16].http://ru.china-embassy.org/chn/zemtj1n.t1291989.htm.

席库利科娃说:"俄罗斯需要一个强大的中国,而中国也需要一个强大的俄罗斯。俄中两国虽然文化不同,但也有许多相同的地方。俄罗斯和中国一样也是一个伟大的国家,俄罗斯有着自己独特的文化艺术,俄罗斯的基础科学发达,科技领先,有许多技术甚至比美国都要先进,俄罗斯还有着丰富的自然资源。俄罗斯和中国的经济互补性很强,了解了这些事实,自然会让中国人民了解到俄罗斯是中国可信赖的伙伴,俄罗斯希望同中国在各个领域进行互利合作,这种互利合作可以使俄中两国都成为强大的国家。"

(2)中俄两国必须加强文化交流,创造良好的文化氛围,促进中俄两国人民间的相互理解,扩大中俄友好的社会基础,唯有如此,才是确保两国永续合作,是和平共处的必要依据和基础,同时也是形成政治领域的地缘合作的必要根基。

(3)开展中俄文化交流具有极其重要的战略意义。2001年7月签署的《中俄睦邻友好合作条约》确立了中俄"世代友好、永不为敌"的和平思想,为保障两国关系在21世纪长期稳定发展奠定了牢固的法律基础,为双边关系的发展注入了新的动力。同为联合国安理会常任理事国、上海合作组织成员国的中国和俄罗斯,在国际事务中加强磋商与合作、互信互助,不仅有利于维护两国的共同利益,也有利于维护世界的和平、安全与发展。中俄两国在21世纪共同面临的时代主题是和平与发展,双方都需要一个和平的内外环境。在国际和地区形势发生复杂深刻变化的大背景下,加强中俄战略协作伙伴关系,对维护共同利益、促进共同发展具有十分重要的意义。因此,摒弃冷战思维,加强中俄政治、经济、文化、军事等领域的合作,不仅互利互惠,而且对中俄双方都显得十分重要。无论是战略协作伙伴,还是"世代友好",两个大国的交流合作,都离不开彼此文化的浸润沟通。❶

三、中俄文化的发展趋势

近年来,随着社会经济的不断发展和科学技术的日新月异,国与国之间的交流不断增多。在这一时代背景下,俄罗斯顺应时代发展潮流,与中国文化交流增多,文化思维在交流中实现融汇互通,促使两国文化朝着长足性方向发展。中俄文化在交流中呈现的形式具有多样性。中俄文化交流源远流长,自古以来,中俄两国凭借丝绸之路建立起密切联系,其中包括政治、经济、文化等领域的合作,

---

❶ 况雨霞,王娟.中俄文化交流浅论[J].乌鲁木齐职业大学学报,2010(1):45-47.

就两国的贸易往来、文化发展，建立起良好的合作关系。随着中俄文化交流的不断发展，中俄区域文化交流合作不断加深，深化和拓展了中俄"全面战略协作伙伴关系"。正如罗高寿所言，两国人民是友好的，这是不可改变的。中国人曾艰难地忍受着两国关系破裂的痛苦。现在，中国与俄罗斯的关系是平等的。在政治、经贸、军事技术等领域，我们都成了好伙伴。中俄有许多交流渠道，并互通信息。在北京，除了俄大使馆和贸易办事处，还有60多家俄公司和地区代表处。俄罗斯元素无处不在，包括广告和大量商品需求及文化宣传等。俄语仍保留在北京、上海和其他一些同俄接壤地区的大学里。❶

回首往昔，展望未来，中俄文化无论是文化内容还是文化形式，都有望在原有的基础上实现进一步的发展，从而促使两国在思维碰撞中发展，在交流中合作，互惠共赢，为两国文化持续性发展做出应有的贡献。这是社会发展的必然趋势，也是两国合作中的利益所驱。针对当前两国在合作交流中存在的问题进行分析探讨，为两国友好性合作扫清障碍显得尤为必要。中俄两国不断开展文化交流活动，有利于释放两国文化活力，激发中俄两国文化发展潜力，促使中俄两国交流更深入，合作领域更广阔，促发展、谋合作、求共赢日趋成为中俄两国发展的共同诉求。

第三节　山东与俄罗斯文化交流现状

一、俄罗斯文化的特征

（一）兼容性

俄罗斯在其发展过程中存在着周期性的"断裂"，它不善于自身发展，而总与从古至今的文化现象交织在一起。俄罗斯文化既不是纯粹的西方文化，也不是纯粹的东方文化，它是处于两者之间的、又兼有两者文化特征的一种独立的文化体系。之所以产生此"二性"，不仅仅是因为这个国家地处欧亚两洲，在地理上有东西方特征；更重要的是，俄罗斯文化在其发展过程中，不断受到西方和东方的影响，从而影响了自己的文化。时至今日，植根于欧洲文化并有着对西方文明

---

❶ 张志怡. 俄罗斯前驻华大使罗高寿谈中国[N]. 环球时报，2006-06-18.

强烈认同感的俄罗斯，在经历了一段西方化收效甚微后，又对东方，特别是其近邻的亚洲国家的合作给予了更多的关注，因为与那些欧洲国家相比，富有生气的亚洲与俄罗斯目前的政治与经济的进程有更多的相同之处。俄罗斯这种摇摆于东西方之间的事例是不胜枚举的，正如早年托洛茨基所说的那样："俄国不仅在地理上，而且在社会上和历史上都介乎欧洲和亚洲之间。在不同的时期、不同的方面，有时接近这一边，有时接近另一边。"❶

（二）两极化

俄罗斯文化一方面来自东西方两种文化在俄罗斯的碰撞和融合，另一方面来自俄罗斯社会中上、下层文化之间深深的分裂。俄罗斯社会上下层之间经济的、文化的断裂是世界大国中最深的。这种上下之间难于逾越的鸿沟甚至到现在仍难消除。城乡之间、贫富之间、贵贱之间，经济地位和文化层次上的巨大差距，成为这个国家现代化道路上的巨大障碍。文化上的断裂导致俄罗斯人性格、习惯、伦理和价值观等一系列的分裂，严重制约了俄国社会整体性的发展，造成文化的两极化，这是俄罗斯文化的另一重大特征。

（三）民族主义意识强烈

俄罗斯传统文化是建立在东正教基础上的，东正教是俄罗斯文明的核心组成部分。东正教和俄罗斯国家、民族、文化、民族思想、民族精神紧密联系交织在一起，成为俄罗斯民族的精神支柱。正是在这种思想的影响下，对外扩张一直贯穿于俄罗斯政治文化和对外交往的全过程，俄罗斯也从欧洲东部边缘一个很小的国家经过历代君主的不断扩张，到1917年沙皇统治结束时，成为横跨欧亚大陆，总面积达2000余万平方千米的世界第一大国。拥有幅员辽阔的国度让俄罗斯人心理上产生了极强的民族优越感，依靠军事扩张逐步扩大疆域和国家的日渐强盛又加重了这种狂热民族主义和极度夸张的民族优越感。❷

二、山东文化的特色

山东是中国文化源头和中华民族重要发祥地之一，素有"孔孟之乡"的美誉，以儒家文化为代表的齐鲁文化源远流长，在海外有着广泛而深远的影响，这

---

❶ 高明. 浅谈俄罗斯文化特征 [J]. 青年文学家, 2012（1）:234.

❷ 任立侠. 试析俄罗斯民族的文化心理对俄外交的影响 [J]. 西伯利亚研究, 2010, 37（5）:59-62.

是山东独有的文化优势。所谓"齐鲁文化",实际上有两层含义。广义上从地域文化圈来讲,它与中原文化、秦晋文化、燕赵文化、吴越文化、荆楚文化、巴蜀文化等相并提,是一个有别于这些文化的独立的文化体系;其地域范围,当以古齐、鲁领地,即今山东地区为主;时限上则贯通古今。❶ 狭义上讲"齐鲁文化"是指先秦时期齐、鲁两国的文化,是各自独立又互相渗透融汇、各有特点的两种文化。齐鲁文化也是齐国与鲁国合并而成的文化代表。齐鲁文化最重要的底色是源远流长的儒家文化。儒家文化蕴含着丰富的仁爱、民本、诚信、正义、中和、大同等思想资源,是社会主义核心价值观的传统文化基源;"己所不欲,勿施于人""己欲立而立人,己欲达而达人""仁爱"原则,将仁爱之心、宽恕之行扩展到邻居、朋友,乃至国家和天下。儒家将修身、齐家拓展到了治国、平天下,将仁爱、友善从家庭延伸至他人、社会、国家,乃至世界。齐鲁文化之所以能够在中国传统文化中发挥重要作用,其凝聚力和生命力来自其基本精神。齐鲁文化的基本精神,大体归纳如下几点:自强不息的刚健精神、崇尚气节的爱国精神、经世致用的救世精神、人定胜天的能动精神、民贵君轻的民本精神、厚德仁民的人道精神、大公无私的群体精神、勤谨睿智的创造精神等。这些对我们民族优秀传统精神的形成具有重要作用。齐鲁文化成为一种有特色的地域文化,具有以下特点。

(一)多元性

人们之所以把今天的山东称为齐鲁大地、齐鲁之邦或齐鲁礼仪之邦,是因为两周(西周与东周)时期,在山东这块古老、广袤、肥沃而又神奇的大地上存在两个大的诸侯封国,一个是齐国,另一个是鲁国。

齐、鲁两国作为西周王室的第一批封国。齐国的第一位君主是太公姜尚,都城在今淄博市的临淄;鲁国的第一位本来是周公旦,但因周成王年幼亟待辅佐,周公旦之子伯禽代父赴鲁受封,都城在今济宁市的曲阜。齐国、鲁国在初建国时,既有西周文化,又注意吸收当地文化,所以从文化的渊源和基础来看,既有周人的传统文化,又融合了当地土著文化和部分殷文化,所以齐鲁文化的基础是多元的。在以后的长期发展中,齐鲁文化不断吸收和融合各种文化成分,继续沿着多元化的方向。战国时形成的诸子百家中,许多学派与齐鲁文化都有渊源关系。

---

❶ 蔡德贵.论齐鲁文化的特点及其诚信传统[J].齐鲁学刊,2006(5):32-37.

（二）自由开放

西周时期，齐、鲁两国是东方大国，远离成周，有相对的独立性，形成了各自的文化特色，其发展有较大的自由。春秋战国各诸侯国割据一方，周天子失去权威，思想文化的载体士人知识群体正式形成，这些文化的发展是一个更广泛的基础。尤其是士人阶层在这个时期有相对的独立人格和自由认识自然与社会的权力，形成各自的价值判断。他们可以把一切客体作为认识对象，自由地研究和解释，形成不同的学说理论。齐国的稷下学宫建立后更是如《史记》所言："自邹衍与齐之稷下先生，如果淳于髡，沈岛，前年底，当时的儿子，片田，邹家华，信徒锡，各著书言治乱之事，以干世主，岂可胜道哉！"鲁国文化以儒学为主，以厚重著称，但儒学本身是一种开放的文化。❶ 孔子、孟子、荀子诸位儒学大师一方面吸收各种思想学说的有益成分，一方面又到各国游历，宣扬和传播儒家学说，使鲁文化在保持其特色的同时，有机会跨越文化和其他领域，相互影响，促进了鲁文化的进步和发展。

（三）驳杂宏富

先秦时期由于交通不发达，小农经济占主导地位，商品经济落后，形成许多有特色的地域文化，各地域文化往往在封闭或半封闭的状态中发展，因而使一些地区的文化形成保守、内容单一的特点，而齐鲁则不同。

齐鲁文化，地域文化名称，确切地说，齐鲁文化是"齐文化"和"鲁文化"的合称。东临滨海的齐国产生了以姜太公为代表的道家思想学说，又吸收了当地土著文化（东夷文化）并加以发展。两种古老文化存在差异，相对来说，齐文化尚功利，鲁文化重伦理；齐文化讲求革新，鲁文化尊重传统。从根本上说，文化的发展，既需要传承，又需要创新，二者缺一不可。两种文化在发展中逐渐有机地融合在一起，形成了具有丰富历史内涵的齐鲁文化。文化的发展，必须首先有继承，然后才可能有革新。有革新无继承的文化是无底蕴的浮萍文化；而只有继承没有革新的文化则是无生气的文化。齐鲁文化既是中国传统文化的主要源头之一，又是中国传统文化的重要组成部分。它久而不衰，包容开放，与时偕行，与日俱进，不断注入新元素、新内容，故能成其大；它"出新"而不废"推陈"，一以贯之的精神始终承传，故能成其久。先秦时期，齐鲁文化双峰并峙；秦汉时期，齐鲁文化珠联璧合。汉武帝推行"罢黜百家，独尊儒术"的文化政策以

---

❶ 马亮宽. 略论齐鲁文化在秦汉时期的发展与传播 [J]. 孔子研究, 2001（5）:49-58.

后,融入了齐文化要素的儒学跃居官学地位,齐鲁文化随之成为中国传统文化的主干。

山东诸多的人文优势,为山东开展与沿线国家(包括俄罗斯)的人文交流,扩大在海外的影响力提供了良好的条件。

三、山东与俄罗斯文化交流现状

山东与俄罗斯文化交流是中俄"全面战略协作伙伴关系"的重要组成部分,对于促进中俄文化交流的发展和繁荣,推动中俄新时代全面战略协作伙伴关系的发展与深化具有重要的意义。

(一)历史上的山东与俄罗斯文化交流

山东与俄罗斯的文化交流始于17世纪后半叶,可谓起步较早。一直到中华人民共和国成立之前,山东与俄罗斯的文化交流主要呈以下三种形式:其一,通过俄国侨民进行文化交流。从俄国进入山东地区的俄侨逐渐增多,例如1913年,在青岛的俄国侨民为61人;1925年,青岛的俄国(苏联)侨民为256人;1927年12月,青岛的苏联侨民为332人;1935年,青岛的苏联侨民为606人;1936年,青岛的苏联侨民已达到881人等。这些侨民中以俄罗斯族人为主。可见山东地区是俄国侨民的主要聚集地之一,为山东与俄罗斯的文化交流起到了不可替代的作用。其二,通过旅俄华侨进行文化交流。在19世纪90年代,俄国移民不断进入山东地区,同时,很多汉族移民越过边界进入俄罗斯地区,还有些移民直接从山东乘船进入符拉迪沃斯托克(海参崴)。据不完全统计,在1900年,符拉迪沃斯托克地区接纳了旅俄华侨约36700人。其三,通过铁路建设进行文化交流。随着西伯利亚铁路建设项目的启动,很多山东人成为俄国政府招募的华工,据统计,在俄国十月革命爆发前期,旅俄华侨人数已经高达40万人。很多长期生活在俄国境内的华侨受俄罗斯文化影响较大,不仅学会了运用俄语进行交流,而且生活习惯也逐渐呈现出俄罗斯化。还有很多华侨在俄罗斯娶妻生子,所生子女身上呈现出非常显著的俄罗斯民族的基本特征。在俄国十月革命爆发之后,旅俄华侨和他们的子女有幸回到山东地区,在迁移的过程中又将自身携带的俄罗斯文化传入山东地区。

中华人民共和国成立后,中国的对外关系开始谱写新的篇章,山东外事工作也翻开了新的一页,加强了与苏联等社会主义国家的友好交往。来访出访的国家主要是苏联、东欧各国和朝鲜、越南等,多限于文化交往,很少有真正的经贸关系。同时，苏联、匈牙利等国家的许多工程技术专家也来到山东，参加和指导国家重点工程项目的技术工作。1949年10月21日，由法捷耶夫和西蒙诺夫率领的苏联文化艺术科学工作者代表团一行34人来济南进行友好访问，这是新中国成立后，苏联与山东地区首次文化艺术科学方面的友好交流活动。

（二）现阶段山东与俄罗斯区域文化交流合作不断深入

山东与俄罗斯区域文化交流合作是中俄新时代全面战略协作伙伴关系的重要组成部分，既体现中俄两国战略协作伙伴关系的水平，也有力地巩固和推动了中俄新时代全面战略协作伙伴关系的发展。随着中俄文化交流的不断发展，中俄区域文化交流合作不断加深，深化和拓宽了中俄"全面战略协作伙伴关系"。基于此，山东省积极打造对俄文化交流平台，对俄文化交流成果丰硕，推动两国文化交流的深入发展，形成良性发展态势。

1. 山东省不断深化和拓宽中俄"全面战略协作伙伴关系"

习近平同志强调，"文化自信是更基本、更深入、更持久的力量。"软实力看似无形，但确实客观存在，需要长期积淀，必须久久为功。近年来，山东省坚持不忘本来，吸收外来，面向未来，打造更富独特魅力的"齐鲁文化"品牌。在各类别多元素交相辉映中激发创造活力，在山东与俄罗斯文化交流中绽放独特光彩。不断深化和拓宽中俄"全面战略协作伙伴关系"，积极开展对俄文化交流，使官方对俄文化交流实现常态化、规模化，并在此基础上取得了丰硕的成果。例如，2013年2—3月，济南市杂技团在此时段分别赴西班牙、俄罗斯、蒙古等国家参加国际比赛，荣获俄罗斯第六届伊热夫斯克国家杂技节"银熊奖"。山东大学民乐团赴俄罗斯参加新西伯利亚"2013之季"国际音乐节。2017年5月18日，国际博物馆日到来之际，济宁市博物馆迎来《"一带一路"跨文化的对话——俄罗斯文化与契诃夫生平展》。本次展览由俄罗斯塔甘罗格市博物馆协会与济宁市博物馆联合主办，是济宁在俄罗斯塔甘罗格市举办《汉画像石上的孔子——济宁汉碑汉画像石拓片展》后的回访展。2019年4月23日，为庆祝中俄两国结好70周年，落实山东省在中俄地方合作年框架内的交流合作计划，山东省联合俄罗斯列宾美术学院、圣彼得堡美术家协会、俄罗斯鞑靼斯坦共和国文化部、车里雅宾斯克州文化部，共同组织10位俄罗斯著名画家于4月23日至5月7日来鲁进行油画写生创作和展览。2019年6月，山东出版集团版贸会走进俄罗斯重要活动之一"中俄建交70周年艺术交流与互鉴系列文化活动"在有两百年悠久历史的艺术家的摇篮——俄罗斯美术家协会美术馆隆重开幕。中俄文化交流源远流长，在艺术领域的交流与互鉴有着悠久的历史，为庆祝两国建交70周年，两国艺术家欢聚一堂，以互鉴增友情、以交流促发展。两者合作必将对促进中俄文化交流向纵深发展产生良好影响。2019年8月17日至21日，山东济南吕剧院文化交流艺术团一行16人，先后赴俄罗斯下诺夫哥罗德市、莫斯科市开展文艺交流演出。活动不仅取得了良好的文化交流宣传效果，更是向世界宣传了齐风鲁韵的山东文化，展现了济南作为历史文化名城的深刻内涵。2019年6月，山东大学全球汉籍合璧工程（以下简称"合璧工程"）编目合作专家、国际汉学研究中心兼职教授、圣彼得堡国立大学东方系德米特里·马雅斯基（Maiatckii Dmitri）副教授为习近平同志讲解了参展图书。山东省与俄罗斯院校2020年8月11日在济南宣布成立中俄（山东）教育国际合作联盟，旨在加强山东与俄罗斯教育、人文领域交流合作。为搭建山东省与俄罗斯艺术院校之间共话友谊、共商合作的高端平台，2019年12月9日，由俄罗斯孔子文化促进会主办的俄罗斯与齐鲁文化交流会在山东省举办。主办方希望能够借助此次活动促进中华文明、齐鲁文化在更广阔的地区传播，通过交流会开启与俄罗斯交流合作的新篇章，积极努力，搭建起与俄罗斯的全方位合作的平台。2021年3月24日下午，由山东省人民政府外事办公室与山东省教育厅联合举办的"相约上合"山东—俄罗斯艺术院校合作交流会在济宁海达行知学校成功举行。

2. 山东与俄罗斯地方间保持密切联系

新中国成立后，山东与俄罗斯地方民间保持密切联系。如1949年10月2日，中苏友好协会青岛分会建立。此后，包括青岛等7个城市陆续成立了中苏友协组织。1950年11月7日，山东省暨济南市各有关方面的代表在济南市中苏友好协会礼堂举行中苏友好协会山东分会成立大会。该分会的基本任务是：以国际主义的精神教育广大中国人民，增进他们对中苏友好、对苏联的认识，学习苏联的先进经验，以推进我们国家的建设，保卫世界持久和平。该组织是促进发展中国和苏联两国人民友好事业的民间性组织。到1951年11月，山东省建立有济南、青岛、烟台等11个市，汶上、长清、莱阳、乳山等14个县的中苏友协组织，以及沂水、昌潍、泰安等6个专区的中苏友协工作委员会。共有委员82.77万人，建立了所属总支会48个，支会1185个，分支会1104个。到1952年12月4日，全省共发展会员达615万人。山东中苏友协出版了《山东中苏友好》半月刊，共发行了7万余份。省及济南、青岛中苏友协出版小册子7种，宣传材料12种。省、青岛、徐州等中苏友协分别在当地广播电台开播经常性的中苏友好广播节目。通过各种纪念会、庆祝会、报告会、座谈会等向会员进行宣传教育，仅1951年举办五六百次，参加者约30余万人。配合开展保卫和平、抗美援朝活动。在各地举办大型展览、流动展览，设立街道画窗，展出苏联图片、苏联画报及剪贴材料。在各地巡回放映苏联电影、幻灯片。经常举办各种性质的晚会、体育活动。先后在济南、青岛、潍坊、德州设立俄文夜校或俄文班。与省总工会、团省工委、省妇联、省青联、省学联等团体一起发出联合通知，发动工人、青年、儿童、妇女写信给苏联朋友，开展中苏友好通信活动。

改革开放以后，山东与俄罗斯地方民间的联系进一步加深，大批艺术家应邀出访演出，音乐戏剧表演团体、艺术院校以及图书馆、博物馆之间也建立良好的合作关系。如双方有3对友城和3对友好合作省州。山东省与鞑靼斯坦共和国自2008年正式建立省级友好关系以来，各领域合作成果丰硕。2020年，东营市与阿尔梅季耶夫斯克市的友好交往也得到了鞑靼斯坦共和国总统明尼哈诺夫及驻喀山总领馆的重视和支持，两市正式结好必将进一步巩固和深化山东省与鞑靼斯坦共和国的省级友好关系。

第四节 山东与俄罗斯文化交流存在的问题

现在的世界，是一个大反思的时代，全球几乎同时大反思。针对山东与俄罗斯文化交流中存在的问题，我们亦需进行独立思考，反思辨明，做理性包容谦逊自信的山东人。山东省对俄文化交流在双方的共同努力下，已经形成官方与民间对俄文化交流并存、教育交流为补充的多渠道、多层次、全方位共同发展的格局，形成良性发展态势。但也要看到，山东省对俄仍存在着文化交流不均衡现象等一些问题。

一、文化认同感尚需进一步加强

地域、宗教信仰以及发展历史的区别使得山东与俄罗斯产生了很大的文化差异。山东地区具有比较悠久的历史文化，文化内涵极为丰富，但对于西方先进文化的接受时间相对较晚。虽然俄罗斯文化的历史并不悠久，大约1000年左右，但俄罗斯地区对于西方先进文明接受较早，而且文化发展较快，越来越呈现出近代文化的基本特点。山东地区是儒家文化的重要发源地，文化主要崇尚儒学。因为崇尚儒家信条，山东文化很少体现出扩张意识，比较固守传统，改革创新意识不强。俄罗斯文化中蕴藏俄罗斯精神，既不能用理性去认知俄罗斯，也不能用一般的标准进行衡量与评判。在18世纪之前，俄罗斯文化的发展离不开宗教，自彼得一世实施欧化政策后，在不断改革的进程中俄罗斯开始向西方学习，而且学习规模较大，在短时间内就形成了比较先进的俄罗斯文化。与此同时，俄罗斯文化受东正教救世主义的影响较大，形成了比较鲜明的向外扩张思想，这与山东地区崇尚的儒家信条存在较大的差异。山东与俄罗斯应坦然面对文化冲突，在促进文化交流过程中进一步加强文化认同感，更好地理解、接受和认可异质文化，实现双方的文化融合。

二、山东地域官民对俄文化交流存在明显不均衡性

近年来，山东省对俄官方文化交流实现常态化、规模化，民间对俄文化交流实现跨越式发展，形成官民对俄文化交流并存的局面。但是，山东省对俄官民文化交流仅是并存，并未并重，官民对俄文化交流存在明显不均衡性。一是官方对民间对俄文化交流的引导、带动不够。近年来，官方高度重视对俄文化交流，多次举办大型中俄文化交流活动，起到了较好的示范作用。但由于官方引导、带动民间团体参与对俄文化交流的力度不够，使得活动基本上停留在官方层面，民间团体参与面不够广泛，在很大程度上影响了民间对俄文化交流。二是民间团体自身存在一定问题。主要表现为：民间团体对俄文化交流尚缺乏理论的介入，急需对其经验教训进行系统的总结和理论的提升；民间团体多追求经济效益，存在着无序竞争的现象；民间团体的人员流动频繁、人才短缺，对俄交流缺乏稳定性；民间对俄文化交流的集约化程度相对较低，民间对俄文化交流的资源整合度不高。❶因此，必须排除中俄间文化交流的障碍，特别是肃清一些错误思想意识的影响，克服相互间的猜忌和偏见，消除对发展中俄文化交流的疑虑和杂音，官民外交同力架起民心相通的桥梁，为开展两国文化交流注入和传播正能量。

三、对俄文化交流的广度和深度有待提升

近年来，山东对俄文化交流取得长足发展，为我国对外区域文化的发展作出

---

❶ 李春艳，彭传怀.黑龙江省与俄罗斯文化交流现状、问题与对策[J].黑河学院学报,2013,4（6）:16-18.

一定的贡献。但综观山东对俄文化交流不难发现，对俄文化交流的品牌响亮的不多，尤其是知名度高、代表性强，能充分彰显山东与俄罗斯文化交流的典型案例十分有限。因此，山东对俄文化交流的广度与深度都有待提升。从广度上讲，一方面，山东对俄文化交流活动主要集中在几个城市，省内其他城市很少有承办对俄文化交流活动的机会，即便有，交流活动的层次不高、规模不大、影响也不深远；另一方面，山东对俄文化交流涉及的内容有待拓宽。目前，山东对俄文化交流在音乐、体育、艺术、教育等领域取得了一定成绩，然而，双方在图书交流、馆际交流等方面，还有很大的提升空间，双方还没有实质性合作。从深度上讲，山东对俄文化交流缺乏理论支持。一方面，近年来，虽然山东举办各项文化交流活动，然而，该项交流活动中没有设立文化论坛，缺少理论对交流活动的指导；另一方面，山东对俄文化贸易所占比重仍显不足，推动文化企业和文化产品"走出去"的能力有待提高。因此，如何创新拓宽文化"走出去"的方法和渠道，需要进行重点研究。

第五节　深化山东与俄罗斯文化交流的对策与措施

凡事正确认识现实，消除封闭思维的惯性，知己知彼，就会有大发展，深化山东与俄罗斯文化交流亦是如此。官民并举、朝野相济。官方交流应该继续保持良好态势，推动两国间的人文交流机制化、常态化，为民间交流的开展搭建平台和提供基础，以官方交流带动和促进民间交流。官民配合，强强联手，政府与民间相辅相成。还要充分依托电话、书信、视频、微博、微信朋友圈、线上会议等现代网络平台以变应变，确保山东与俄罗斯交往的力度不减、情感不松，成果不少。

一、政府搭台，引领对俄文化交流高质量发展

21世纪，山东与俄罗斯文化交流的最大特点是由中俄两国政府主导，有计划、有重点地全面推进，突显顶层设计和战略眼光，引领高质量发展。山东对俄文化交流虽然体现出了并存的基本特点，但还未真正实现并重，因此，山东地区在对俄文化交流方面还存在很大的空间。面对此种现实情况，山东政府应始终坚持并存且并重的文化交流原则，尤其可以积极调动民间力量开展对俄文化交流，

采用搭台与引导的形式为民间团体提供走出去的具体路径,提升对俄文化贸易交流水平。第一,在政策层面把握文化交流与合作的态势及走向。加强山东省和俄罗斯的官方往来,从政策层面为促进对俄文化交流提供一定的保障性条件,同时,按照官方标准对民间团体进行严格要求。第二,增强理论介入,注重逐渐提高跨文化交际水平。第三,不断完善和丰富民间对俄文化交流的内容与内涵。第四,充分整合可利用的对俄文化交流资源,坚持分类管理的原则,进一步扩展交流空间。

二、拓展民间外交新空间,架构对俄文化交流的独特优势

民间外交是有领导、有组织地通过个人或民间团体的对外友好交流与往来、发表共同声明、签订民间协定等活动形式来配合政府的对外政策与活动,可以摆脱国家关系的严格束缚,不受礼宾规格的限制,比较自由地开展对外活动,相机抉择。[1]民间外交在国家关系中,同政府外交起着相辅相成、相互促进的作用,是稳定和发展国家政治关系的先行官和加速器。[2]国之交在于民相亲,民相亲在于心相通。自中国共产党成立以来,民间外交就成为中国共产党开展外部合作、构建国际统一战线的重要依靠。民间外交的主体——企业、社会组织和个人。中国共产党在百年奋斗征程中积累了丰富的民间外交实践与经验,也证明了中国共产党和中国各级政府具有很强的能力,可以组织、动员和协调企业、社会和个人力量,民间外交是中国在对外关系上的一个创举。随着中国日益走进世界舞台的中央,外交转型升级加速,民间外交的地位和作用日益凸显。作为中国开埠较早的省份,山东具有民间对外交往的悠久历史和独特优势。尤其是改革开放以来,山东的经济发展和社会进步,为民间外交创造了非常有利的工作环境。在党的领导下,已经形成政府搭台、民间唱戏的民间外交架构,打造了一批有社会影响和国际知名度的民间外交品牌。因此,充分发挥好民间外交的协同创新,形成新时代民间外交发展的良好局面势在必得。

(一)着力发挥国际友城间的交往能力,创新传播的交流网络

一是要发挥国际友城间的交往能力。如举办"民间外交与城市国际交往能力建设"学术研讨会;友城间可将各自的发展优势与对方重点发展规划和项目对

---

[1] 王玉贵.论民间外交[J].盐城师范学院学报(人文社会科学版),2008(5):91-96.

[2] 杨思华.民间外交在国家关系中地位和作用[J].怀化学院学报,1991(4):28-31.

接，收获一些早期成果，发挥更多的友城民间外交的积极作用。"国之交在于民相亲，民相亲在于心相通"，人与人之间的交往是建立全球友好城市（包括俄罗斯）伙伴关系及其成功的基础。城市交往，归根结底是人与人的交流，只有深耕友谊、厚植人脉、夯实民意基础和社会基础，才会使友城行稳致远。

二是要以坚定文化自信为大前提，精心构建对俄话语体系，发挥好传统媒体和新媒体的作用，将山东现代化特征进行故事化、大众化和国际化传播，讲好山东故事，增加山东与俄罗斯之间的理解认同，努力成为增信释疑、凝心聚力的桥梁纽带。

三是重视创新传播的交流网络。在新时代下，国际传播能力建设是塑造其对外影响力的核心要素。目前，国际关系正向着多元、多边、多层转型，大中城市将成为国际关系中的重要层级。未来媒体传播与民间外交的结合程度将进一步加深，并且呈现出媒体传播的精确定位和双向互动的关系。山东在宏观上要提升国际传播能力之重要抓手，要借助5G、人工智能和区块链等技术带来的机遇，依托新媒体、自媒体等平台，开辟直播、云参与，实现平台覆盖，创新丰富新媒体语态，构建形成融于一体、合而为一等全媒体传播新格局与新形式，探索线下面对面沟通和线上远程交流互动并行的多样化传播渠道，打造具有强大影响力的新型主流媒体。甚至还需要俄罗斯媒体的参与和声音，要着力建好山东与俄罗斯国际友好城市间的交流网络，加强融合传播和互动推广，将山东社会积极向上、与俄罗斯互助共赢、友好合作的精神传播到世界各地，使之在国际舆论场中具有良好的传播形象与口碑，释放舆论场的正面效应。此外，还应当高度重视双方关键人物的传播对民间外交拓展的作用，邀请各个领域的专家通过媒体平台进入公众视野，特别重视国际友人作为意见领袖在山东和俄罗斯的发声和号召力。总之，通过媒体的全方位生态型推进，让故事中的人讲好山东故事，讲好俄罗斯故事。

（二）采取"走出去，请进来"方式，开创属于山东的民间外交新空间

如定期或不定期举办进口博览会就是一种民间外交盛会，尤其是在济南和青岛这样对外交往历史悠久、优势独特、底蕴深厚的城市。2017年5月14日"一带一路"国际合作高峰论坛上，习近平同志宣布，2018年11月，中国将在上海举办首届中国国际进口博览会（简称"进博会"），为各国进行开辟中国市场的合作搭建新平台。进博会包括展会和论坛两个部分。实践已证明，正如习近平同志所言："中国国际进口博览会交易的是商品和服务，交流的是文化和理念，迎的是五洲客，计的是天下利，顺应的是各国人民对美好生活的向往。"举办层次高的博览等会议，不仅使得参展商获得了可观的经济效益，也促进了世界各国间的文化交流。这种"走出去，请进来"的多层次性和多形式性的文化交流方式也特别符合山东的地域气质，对山东民间外交在文化领域形成合作新空间助力巨大。上海进博会的成功举办，为我们积累了成功的经验。《学习时报》对于上海"进博会的文化效应"的相关报道值得我们借鉴。

该报总结道：一是弘扬了中华优秀传统文化。上海第二届进博会首次设置"非物质文化遗产暨中华老字号"文化展示项目，有发源于汉代，相传张骞出使西域时带回的芝麻（古称胡麻）做成的周村烧饼；有《春江花月夜》《二泉映月》等中国名曲的演奏；有海派插花艺术品、中式盘扣制作技艺、风筝制作技艺、上海剪纸等，为全球展客商增添了一份对中华文化的美好记忆。更重要的是，其中蕴含的思想观念、人文精神、道德规范等文化精髓，构成了中华文化的开放视野和宝贵精神遗产，给世界各地的展客商带来了深深的思考和启迪，展现出了中华文化的永恒魅力和时代风采。二是促进了世界各国的文化交流。从斯里兰卡的民间舞蹈，到古希腊哲人的经典名言等，进博会成为全球文化交流的广阔平台，不断加深彼此了解和互信，充分体现了人类对美好生活的向往这一共同价值追求。从这个意义上来说，进博会不仅是一个弘扬中华优秀传统文化的展台，同时也是一个点亮世界文化交融的展台。三是打造了"文化+"的特色品牌。进博会上出现了不少"文化+科创"跨界融合的文化产品，打造了蕴含中国元素独特魅力的特色文化品牌。在德国家电科技品牌福维克展厅，有一款智能茶艺机，只用45秒便冲制一杯工夫茶，在给消费者带来全新便捷享受的同时，将中国的茶文化以及中国人的生活方式也一并传播给了全世界。丹麦乐高集团首次发布的带有中国元素的玩具——舞狮，让全世界的孩子通过这款玩具了解中国，感受中国文化的魅力。随着中国在世界的影响力越来越大，中华文化的传播也越来越广泛，全球越来越多的企业在商品中加入了中国元素，既满足了中国消费者的需要，也为越来越多渴望了解中华文化的世界各国消费者提供了选择，可以预见，蕴含中国元素的文化品牌必将会日益绽放出独特的魅力和光彩。四是拓展了文化的交流合作平台。进博会作为世界上第一个以进口为主题的国家级展会，有国际贸易和国际文化交流两条主线，二者相互交汇，互为补充，拓展了文化和经贸交流的平台。商品通过交换实现了互通有无，文化通过交流实现了融合共生。因此，文化一直是活跃在经贸领域中的重要因素，而经贸领域中的文化商品也是一个国家对外交流的重要载体。五是推动了文化产业的发展。通过进博会这个窗口，既让我们看到了我国民族文化资源丰富且具有很好产业发展前景这个有利条件，也让我们意识到加快发展文化产业的重要性。对于我国进一步拓展文化产业领域、丰富文化产品和服务种类、解决影响和制约文化产业科学发展的深层次问题、促进文化产业又好又快发展等方面，提供了有益的借鉴。❶

在习近平同志关于中国国际进口博览会"不仅要年年办下去，而且要办出水平、办出成效、越办越好"的重要指示精神的引领下，山东一定要把握好举办高层次进博等会议的机遇，久久为功，努力开创属于山东的民间外交的新空间，成为政府主场外交的有力推手，发挥不可替代的作用，成为官方外交不可或缺的有益补充。

（三）引领支持更多外商参与产业扶贫、教育扶贫和健康扶贫等项目

民间外交还可通过引领支持更多外商参与产业扶贫、教育扶贫和健康扶贫等。具体中要做到"小、细、实、活、新"。"小"是指以小见大，一滴水中见太阳。通过每个个体故事反映民间外交的整体叙事；"细"是指注重细节，细节决定民间外交的成效；"实"是指民间外交内容要落到实处；"活"是指民间外交要讲求策略性和艺术性的有机结合；"新"是指新时代下，通过融通中外的话语体系进行对外表达，从而塑造党和国家、中国和山东人民的新形象。

今后，山东的民间外交要在原有的良好基础上，始终坚持党的领导这一最大的政治优势，更好地发挥其在"百年未有之大变局"中的作用，呈现基础稳定、主体多元、方式灵活、平台多样、理念包容等山东民间外交新思路与新举措；进一步丰富山东民间外交的理论与实践；追求新时代山东民间外交的再深化与新成果。

三、实施文化品牌带动战略

品牌意味着产品具有优质的品质、鲜明的特色，适合消费潮流，通过宣传能获得广泛认可，并在持续的创新中获得永恒的魅力。为此，要实施文化品牌带动战略，积极推进各类文化品牌工程，做大做强山东对外文化品牌。积极开展文化品牌评选活动，形成一批有较高知名度的品牌文化产品、品牌文化服务、品牌文化企业和品牌文化活动。并且还要加强文化品牌的保护，防止文化品牌流失，打

---

❶ 上海国际问题研究院，上海市对外友好协会.上海民间外交的新空间：中国国际进口博览会的启示[M].格致出版社，上海人民出版社，2021:100.

造一批充分体现山东特色的知名文化品牌，并在俄罗斯加大宣传与推广力度，不断扩大文化产品和服务的输出，借以改变山东在文化交流、传播和贸易方面竞争中的弱势地位。

四、致力于复合型俄语人才的培养，夯实对俄文化交流的基础

目前，山东对俄文化交流之复合型人才缺乏不言而喻的。俄语是对俄文化交流的重要工具和载体，而会说俄语成为对俄文化交流复合型人才的关键。注重培养复合型俄语人才，夯实对俄文化交流的基础，更好地满足山东地区经济社会发展需求，同时，也有利于促进山东地区对俄进行文化交流。山东利用充分彰显对俄人才培养优势，积极加强俄语人才的培养，这样才能为促使山东地区实现对俄文化交流储备相应的人才。其一，在山东省高等教育、职业教育中明确复合型俄语人才的培养目标，将高等教育与职业教育作为培养复合型俄语人才的重要渠道，同时，积极开发和利用其他途径致力于培养高素质的俄语人才。其二，充分利用与发挥山东省高校与俄罗斯高校联合办学的重要优势，加强人才培养的互联互通，可以采用互派教师与学生的方式，充分发挥俄语人才在对俄文化交流过程中具有的促进作用。其三，在复合型俄语人才培养中可以采用"俄语＋专业"的模式，将俄语同具体的专业设置和课程设置有机结合起来，加强对实用型俄语人才的培养。其四，充分利用媒体和网络等新技术和平台，更好地利用媒体和网络等新技术和平台更好地推进中俄文化交流。其五，重视加强中俄两国青年间的交流，不断地掀起中俄文化交流的新高潮，形成文化交流与相互关系互相推动、综合推进的态势。

五、整合资源，拓宽对俄文化交流的广度与深度

为了加强对俄文化交流的深度和广度，整合资源拓宽对俄文化交流的广度与深度势在必行。山东省可以搭建文化交流平台，充分调动与整合山东地区的资源，可以借助沿海口岸城市的先天性地理条件积极开展对俄文化交流，通过促使沿海口岸城市深化对俄文化交流，进而带动山东其他城市开展对俄文化交流活动，这样不仅可以拓宽对俄文化交流广度，而且有利于真正实现口岸城市与内地城市的同步发展。与此同时，丰富对俄文化交流内容，例如，实施图书、馆际、文化论坛等文化交流措施，也可以利用双边文化贸易推动对俄的文化交流更加深入，从而形成多层次、全方位、有特色的齐鲁文化对外交流新格局。

第六节　山东与俄罗斯各子类文化交流的建设性思考

山东与俄罗斯在文化交流与合作方面，有着共同的语境和广泛的合作前景，需要通过各层级深层次的对话交流共创合作新模式，汇聚资源和力量，积极共拓发展空间，尤其是重点合作领域，定将成为新时代山东与俄罗斯深入合作的重要支柱。

一、加强顶层设计，完善文化交流合作体系

彰显高质量这一灵魂，把高质量作为推动各项工作的出发点和落脚点，着眼工作要素间的联动影响，体现体系思维。从山东与俄罗斯双方参与主体的多方面对各子类文化交流建设进行统筹规划，发展各类别多元化高水平的专业咨询和服务机构，布局好重点项目、重要平台和重要活动，形成一批过硬成果集聚效应并树立标准典范。

二、大力创新以"云外交"为主渠道的交往新模式

中俄的地缘优势为山东省加强对俄文化交流提供了有力支撑，可以通过建立贸易区的方式为山东省与俄罗斯各地区人民之间的往来提供便利条件，在贸易区内形成特定的文化区，对于文化区需要给予高度重视，采用特殊政策与措施推动文化区发展。积极组织多样性、多类型的对俄文化交流活动，为贸易区增加生机与魅力。充分利用有利的地缘优势提高山东省各地区的经济文化建设水平，有了经济文化建设成果的支撑，那么对俄文化交流也会更加深入。这就需要山东省对于有利的地缘优势进行深入认知，善于利用经贸合作做好地方经济发展工作，逐渐提高人民的生活水平。与此同时，加大对俄罗斯文化的研究力度，既要利用两国之间的经贸合作促进文化交流，也要借助文化交流带动贸易发展，因此，还需在不同领域内开展多层次的文化交流。

三、大力开发两地旅游文化市场

加大力度开发山东和俄罗斯的旅游文化市场。第一，建立俄文版互联网门户网站，利用俄语向俄罗斯用户翔实介绍山东旅游文化，为俄罗斯各地区用户进行

访问提供重要途径。第二，针对俄罗斯游客的基本需求，尤其是游客比较喜欢自助游，可以利用俄文版山东资料与交通手册进行宣传。与此同时，山东需要不断丰富旅游文化内涵，积极开发可以满足俄罗斯游客基本需求的旅游产品，旅游产品开发既要体现文化特色，也要彰显文化情趣。第三，很多俄罗斯游客比较青睐中国的中医医疗与保健文化，这为山东开发旅游文化市场提供了新机遇和新思路。山东应牢牢抓住这一契机，针对俄罗斯游客对中医保健与医疗的需求开发特定的旅游活动，例如中医医疗保健游。当前，很多俄罗斯游客更喜欢来到山东度假旅游，既可以切身感受山东的人文风情，也能够在山东感受到中医保健与医疗的独特魅力。

四、建立双方文化交流中心

为了促进山东与俄罗斯之间的文化交流，需要不断完善山东的文化基础设施，例如，在山东的一些城市建立音乐厅、美术馆、大剧院等文化基础设施。虽然很多发达国家的文化基础设施较为完备，但受各种客观因素影响，山东的文化基础设施还处于残缺不全的状态。加强山东与俄罗斯之间的文化交流需要完备的硬件条件，在充分发挥载体功能的基础上提升山东城市文化的塑造能力。可以构建中俄文化交流中心，文化交流中心具有较强的吸引力、发展潜力以及辐射力，而且文化活动具有非常广阔的延伸空间。俄罗斯文化有着极高的成就，在国际上占据重要地位。在新时期，山东与俄罗斯站在新的历史起点上深化文化交流合作，才能不断提高山东对俄文化交流水平。现阶段，在中俄睦邻友好的氛围中，山东省构建中俄文化交流中心具有非常重要的现实意义，既可以促进两国人民之间的文化往来，也有利于促进双方的经贸合作。

第三章

山东与俄罗斯教育交流对策研究

山东教育发达，本科高校、技术学院，乃至中小学校的数量，及在校生数量，在全国均位居前列。较强的科技教育实力，是山东开展与中俄教育交流与合作的重要支撑。

第一节 中俄教育交流现状

一、俄罗斯教育的国际化

作为地跨欧亚大陆、国土面积世界第一的大国和传统教育强国，俄罗斯在全球教育空间内占据重要地位，虽然每个历史阶段的战略重点和历史使命各有侧重，但其增强教育与文化的统合和塑造能力、影响全球教育空间的努力一直未曾改变。

进入21世纪以来，俄罗斯以教育现代化改革为导向，逐步提高教育质量和国际化水平，增强俄罗斯在国际教育空间的影响力和话语权。

1. 实行多级人才培养体制，推进本国教育体系与国际教育体系的对接与融合

俄罗斯以西方模式为基准，改革本国教育体系和教育结构、增强与世界教育体系的兼容度。俄罗斯联邦于1992年通过的《关于俄罗斯联邦建立多层次的高等教育的决议》，1996年颁布的《俄罗斯高等职业教育和大学后职业教育法》，俄罗斯教育开始实行多级人才培养体制，这一体制使教育的结构呈现多层次性质。2000年《国家教育论纲》中强调必须"在继承和发展俄罗斯高等教育成果和传统的同时，与世界高等教育体系实行一体化"，必须"保护、传播和发展民族文化的历史继承性，珍惜俄罗斯人民历史文化遗产的教育"。❶ 不断整合本国教育资源，加强国家教育标准与问责—评价体系建设，提高教育质量，俄罗斯教育开始实行多级人才培养体制，增强教育系统的国际竞争力。从2008年起，俄罗斯开始对高等教育资源进行整合，逐步构建"金字塔"式高教结构体系。自2012年起，俄罗斯开始以世界大学排行榜为"靶点"，集中优势资源提升国内一流高校的国际知名度，提出到2020年前至少要有5所大学进入世界100强大学排行榜，即"5-100计划"。同时，俄罗斯认为现有高校国际排行指标体系不能充分反映

---

❶ 张男星，杨冬云. 论俄罗斯教育的国际化[J]. 俄罗斯研究, 2005（1）.

其教育体系的特色和实力,于是在 2017 年开发和创建了"三项大学使命"莫斯科国际大学排行榜,以便更好地向世界展示俄罗斯高等教育的优势。2020 版莫斯科国际大学排行榜已涵盖 97 个国家的 1500 所大学,影响力逐步提升。通过实行多级高教体制、加入"博洛尼亚进程"等举措,推进本国教育体系与国际教育体系的对接与融合。总之,俄罗斯采取了更加多元化、更具实用主义倾向的全球教育治理策略,既促进了全球教育治理的民主化和多极化发展,也倒逼着本国教育现代化进程的实质性深入。通过实行多级高教体制、加入"博洛尼亚进程"等举措,推进本国教育体系与国际教育体系的对接与融合。❶

2. 加强国际交流与合作

俄罗斯重视扩大教育服务出口,提高教育品牌知名度;开展国际教育援助,提升教育品牌形象等。1996 年,俄罗斯制定的《俄罗斯联邦教育发展纲要》明确提出,"发展国内教育系统同世界各国的国家系统和国际组织的平等、互利和社会经济上的适当合作"。1997 年 1 月 9 日俄罗斯联邦教育部颁布了《外国学历和学术称号证书的承认与认同规定》。通过学历证明的承认加强俄罗斯教育的国际交流,不仅是俄罗斯人走出去,而且国外的人还要走进来。进入 21 世纪后,已有来自 135 个国家的约 2.6 万名外国学生在俄罗斯学习。俄罗斯每隔 4 年制定一次联邦目标方案——《俄语》。该方案中制定了支持俄语在海外发展的措施。在 2016—2020 年的俄语发展目标方案中,计划大量增加在世界上推广俄语的资金,甚至制定了俄罗斯联邦的国家构想来支持俄语在海外的推广。俄罗斯领导人十分重视俄语在世界上的地位,支持俄语在境外的推广和发展。俄罗斯教科部下属的各部门之间紧密协作开展俄语的普及推广工作。"俄罗斯世界"基金会成立于 2007 年,宗旨是支持俄语在全球的推广,主要以教育机构为基地开展业务。❷

经过 20 多年的努力和积累,不论在国内人才培养,还是国际教育援助、国际教育合作领域都获得了长足的发展和进步,全球教育治理能力逐步提升,为其恢复大国地位提供了人才、智力和舆论支撑。

---

❶ 肖甦,时月芹.俄罗斯参与全球教育治理:时代轨迹、行动逻辑与现实路径[J].比较教育研究,2021,43(11).

❷ 熊建辉,肖伟芹.积极推进新时期中俄教育和语言文化交流:访俄罗斯教科部社会学研究中心副主任亚历山大·阿列费耶夫[J].世界教育信息,2014,27(23).

二、中国与俄罗斯教育交流概况

1995年，中国和俄罗斯签订了《中华人民共和国和俄罗斯联邦政府关于相互承认学历、学位证书的协议》，为两国互派留学生到对方国家学习提供了更加便利的条件。与苏联时期不同，由于俄罗斯教育模式的变化和市场经济发展的需要，俄罗斯开始接收自费留学人员，因此在俄罗斯联邦时期，中国政府除了向俄罗斯派遣两国协议规定的公派留学生外，还鼓励中国公民自费赴俄留学。在两国签订相互承认学历和学位证书协议的1995年，中国共有416名公派留学人员、300多名校际交流人员和600多名自费留学生赴俄罗斯学习。与中国留俄学生相比，俄罗斯到中国的留学生相对要少，以2001年为例，中国在俄罗斯有公派留学生484人，而俄在华公派留学生仅122人。但与苏联时期相比，俄罗斯向中国派出的留学生数量显著增加。随着中国综合国力的增强和国际地位的提升，随着中国文化在俄罗斯的影响不断扩大，俄罗斯来华留学生数量持续增长，1997年有557名，到两国互办"国家年"的2006年和2007年，这一数字分别为5035名和7261名、10年之间增长了10倍多。俄罗斯政府鼓励留学生到中国学习中国哲学、历史、政治、经济、语言、文学、艺术、中医、武术等。从2006年起中国每年赴俄留学人员约1.5万人、其中90%以上为自费留学生，且三分之二以上集中在莫斯科和圣彼得堡两市高校。由于中国赴俄自费留学人员日益增多，国家留学基金管理委员会于2003年专门设立了"国家优秀自费留学生奖学金"，旨在鼓励和帮助品学兼优的自费留学人员顺利完成学业，激励他们回国工作或以多种形式为国服务。❶

三、上海合作组织框架内的中俄教育合作

俄罗斯和中国教育领域合作的主要任务是信息交流、促进两国高等教育机构之间的直接合作、形成合作机构名单、为教育项目提供相互语言支持等。

2005年10月26日，上海合作组织成员国政府首脑会议通过了加强教育领域合作的决议，包括召开成员国教育部长会议和成立常设教育专家工作组。2006年6月15日，上海合作组织成员国政府在上海签署了《教育合作协定》，为成员国开展多边教育合作奠定了基础。根据这项协议，本组织成员国考虑支持发展教育

---

❶ 肖玉秋.中俄文化交流史：中华人民共和国卷[M].天津：天津人民出版社，2016:105-106.

领域的一体化进程，促进学生、科学家和教师之间的相互交流，分享有关教育问题的信息，鼓励学习本组织成员国的语言、历史和文化。2006年10月18日，上海合作组织成员国教育部长在北京举行第一次会议，各方同意建立多边教育合作机制，明确了上海合作组织教育合作的主要思路和任务。上合组织成员国在教育领域的多边合作主要有：交流上海合作组织成员国教育领域改革的经验和信息；发展教育领域的一体化进程，从而建立关于上海合作组织成员国教育政策问题的信息和管理框架；上海合作组织成员国教育机构和组织的学生、科学家和教师相互交流；合作提高教育质量；建立机制，确保资格和学历证书的透明度和可比性，承认和建立上合组织成员国教育机构和组织颁发的官方学历证书的同等性。

2007年以前，上海合作组织对教育交流与合作问题没有统一的处理办法。此外，上海合作组织成员国没有统一的教育服务信息中心。为解决这一问题，上合组织专门设立了一个网站。自2007年以来，本组织还发行了教育合作通讯。同时，值得注意的是，自2008年以来，本组织定期举办上合组织成员国教育周，即主要大学校长论坛，2009年以来，论坛还包括上合组织成员国国立大学校长。在上海合作组织框架内，中俄两国在教育和科学领域的合作促进了两国传统关系的改善，有助于其他领域关系的发展。这种合作的未来前景之一可以包括建立一个共同的教育服务市场，加强该区域的一体化趋势。在这种情况下，它应该意味着在相互信任与合作的基础上创造一个全新的、共同的教育空间。与此同时，上海合作组织成员国面临制定共同教育标准和自由交流知识的任务。据俄罗斯专家介绍，"这些问题的解决将扩大俄罗斯大学向上合组织成员国公民提供教育服务的机会，也有助于提高俄罗斯教育的竞争力和俄罗斯教育服务向亚洲大陆的出口"[1]。

2008年，上合组织成员国代表又签署了《上海合作组织成员国教育部关于为成立上海合作组织大学采取进一步一致行动的意向书》，并于次年确定了上合组织教育合作的五个优先合作方向，包括区域学、生态学、能源学、IT技术和纳米技术。首次遴选出的项目院校共有53所，到2010年随着教育合作规模的扩大，

---

[1] Anatoly Tsvyk, Galina Tsvyk. Humanitarian Cooperation between Russia and China within the Shanghai Cooperation Organization[C]. Proceedings of the 3rd International Conference on Contemporary Education, Social Sciences and Humanities（ICCESSH 2018）（Advances in Social Science, Education and Humanities Research, VOL.233）,2018:1489-1492.

参与上合组织教育合作的项目院校增加到 62 所。2011 年，上合组织成员国成功举办了第四届上合组织成员国"教育无国界"教育周。在此次教育周上，62 所项目院校的校方代表共同签署了《上海合作组织大学章程》，从而使上合组织大学的管理更加规范、教育运行更加稳健，可以说这份文件搭建了上合组织大学的法律框架。2012 年 10 月在吉尔吉斯斯坦首都比什凯克举办的"上合组织成员国第四届教育部部长会议暨第二届大学校长会议"上，在中方校长的推动下，其余成员国同意将上合组织大学的人才培养层次从单一硕士研究生扩大至本科生学历。另外，此次会议还倡导要在上合组织大学的框架下进一步扩大教育合作领域，开启以人才培养合作为基础的科研高水平合作，致力于将上合组织大学框架的教育合作变成集教育、教学和科研为一体的综合性教育合作。❶

中俄两国在经贸往来和人文交流等方面的合作进入了新阶段。2019 年 6 月，中俄两国元首签订《中华人民共和国和俄罗斯联邦关于发展新时代全面战略协作伙伴关系的联合声明》，2021 年 6 月，中俄两国元首正式宣布《中俄睦邻友好合作条约》延期，两国的互动协作水平不断提升。作为中俄双边及国际多边合作的重要组成部分，中俄教育合作迎来了新的发展机遇。❷

第二节　山东与俄罗斯教育交流现状

一、政府层面积极与俄罗斯发展教育交流与合作

（一）省级政府层面与俄罗斯的教育交流与合作

1. 俄罗斯联邦高等教育代表团访问山东

俄罗斯联邦教育与科学部国际合作司副司长米纳耶夫先生为团长的高等教育代表团一行 22 人应中国教育国际交流协会邀请，由俄中文化教育发展基金会组织，于 2011 年 10 月 14 日至 23 日来华参加第十二届中国国际教育展，其间于 10 月 18 日至 20 日来山东省访问。代表团来访主要目的：一是通过拜会地方教育主

---

❶ 朱香玉. 基于上合组织平台的中俄教育合作：历程、现状及前景 [J]. 黑龙江教育（理论与实践），2021（7）.

❷ 李重洋. 新时代中俄教育合作的现状、挑战与对策 [J]. 世界教育信息，2022,35（7）.

管部门，搭建区域性友好合作关系；二是在各地有条件的院校举办俄罗斯高等教育推介会，介绍俄罗斯优质教育资源、俄罗斯知名高校和有国际竞争力的学科和专业；三是与中国高校领导会谈，促进中俄大学间的交流与合作。俄方与有合作意向的院校签署校际交流协议。包括：赴俄留学及来华留学、形式多样的合作办学、设立俄语语言水平考试点、教师进修及专业学科项目合作，网络教育不容忽视。18 日下午，山东省教育厅总督学孟庆旭会见了代表团一行。他在向代表团介绍山东省高等教育改革与发展以及我省教育国际交流与合作开展情况后，回顾了山东省与俄罗斯的教育交流与合作，希望通过此次访问，进一步加强了解沟通，扩大合作领域，深化合作内容，提高合作层次，为推动我省与俄罗斯建立友好省州等合作关系做出应有的贡献。

2. 山东省政府推进成立中俄（山东）教育国际合作联盟。

2020 年 8 月 11 日下午，由山东省人民政府外事办公室与山东省教育厅联合举办的"相约上合"山东—俄罗斯教育交流合作对话会暨中俄（山东）教育国际合作联盟成立大会在济南举行，会上宣布，中俄（山东）教育国际合作联盟正式成立。俄罗斯联邦总统文化事务顾问、国际俄罗斯语言和文学教师协会主席弗拉基米尔·伊里奇·托尔斯泰、省外办主任蔡先金、省教育厅厅长邓云锋致辞。来自中俄共 270 所高校、职业院校和中学约 600 人参加活动，通过线下和线上开展对话交流。邓云锋厅长在致辞中表示，自中俄人文交流机制建立以来，山东与俄罗斯在教育领域的交流合作成效显著，希望双方建立常态化交流机制，今后分层次、多主题地组织联盟学校定期开展教育合作对话活动，搭建山东与俄罗斯教育界共话友谊、共商合作的高端平台。山东大学、山东师范大学、山东财经大学、齐鲁工业大学、山东交通学院、德州学院、威海职业学院、青岛六十六中、山东二七一教育集团等 9 所省内学校负责人，与莫斯科国立大学、圣彼得堡国立大学、俄罗斯赫尔岑国立师范大学、圣彼得堡国立信息技术机械与光学大学、莫斯科国立柴可夫斯基音乐学院、列宾美院、喀山联邦大学、俄罗斯普斯科夫国立大学、圣彼得堡 232 中学等俄罗斯 11 所学校领导在会上进行了对话交流。

（二）地方政府层面与俄罗斯的教育交流与合作

1. 举办中俄留学国际教育交流会

2018 年 11 月 24 日 15 时，首届中俄留学国际教育交流会，在山东省济南市历下区成功举办。出席此次会议的嘉宾有：济南市归国华侨联合会党组书记、主席李中赋，中共历下区区委常委、统战部部长杜宝现，济南市历下区留学人员联谊会会长、山东教服国际董事长赵月等。俄方来宾有：国家研究型大学——俄罗斯伊尔库茨克国立理工大学校长米哈伊尔·卡尔尼科夫，副校长德米特里·萨夫金，校长助理夏文静博士，伊尔库茨克国立理工大学中国服务中心负责人刘亚东博士，主任魏国庆等。参加本次会议的单位有各高等院校、教育机构、普通高中等 100 余家。

　　李中赋同志代表济南市侨联向俄罗斯外宾致欢迎词，向远道而来的俄罗斯朋友表示热烈欢迎。李中赋指出，当前中俄关系处于历史最好时期，中俄已建立起全面战略协作伙伴关系，两国领导人为发展双边关系做出积极努力，并取得重大成果。当前，我们深切感受到这种关系给两国人民带来实实在在的好处。希望中俄关系保持长期健康稳定发展，更多地造福两国人民。济南侨联是侨胞之家，将坚持为侨服务宗旨，团结华侨华人，架起中俄友好桥梁，为中俄友好做出积极贡献。杜宝现部长代表济南市历下区区委区政府致欢迎词，杜部长指出，随着经济全球化进程的加快，教育国际化已成为教育领域的重要发展趋势，历下区将持续鼓励加强国际教育交流与合作，持续提升历下区教育的国际化水平，希望中俄教育国际交流合作取得丰硕成果。山东教服国际赵月董事长在讲话中指出，俄罗斯伊尔库茨克国立理工大学与山东教服国际的强强合作，为中俄两国学生之间的教育、文化交流架起一座友谊桥梁。加强国际交流与合作，提高我们教育国际化水平的影响力和竞争力，培养更多具有国际视野、通晓国际规划、能够参与国际事务和国际竞争力的国际化人才，努力开创留学工作新局面。

　　俄罗斯伊尔库茨克国立理工大学米哈伊尔·卡尔尼科夫校长，德米特里·萨夫金副校长也分别致辞，分别介绍了伊尔库茨克国立理工大学和伊大贝加尔金砖学院的相关情况，新形势下多语言培养的国际化教程改革模式，并表达了对中国山东济南的喜爱，欢迎更多的中国学生到伊大学习深造。伊尔库茨克国立理工大学中国服务中心负责人刘亚东博士向与会的各位领导和来宾介绍了中俄国际教育的发展趋势及伊尔库茨克国立理工大学国际教育的合作模式，真诚欢迎与各位来宾展开国际教育交流合作。

2. 举办中俄生物物理前沿交叉合作论坛

　　2019 年 12 月 5 日德州市举办了"中俄生物物理前沿交叉合作论坛"，俄罗斯科学院西伯利亚分院生物物理研究所所长安德烈·德格门德院士、俄罗斯别尔哥罗德国立科研大学生物化学学院院长奥莉佳·列别杰娃、校长赵胜村、副校长李永平、山东省外事办公室副主任李永森、山东省外事办公室宣传调研处副处长魏向群、德州市外事办公室副主任封琳出席开幕式。赵胜村介绍了德州学院近年来的办学成绩及国际交流和生物物理重点实验室的基本情况。他指出，此次中俄生物物理双边论坛的召开，有利于发掘中俄两国资源禀赋的契合点，推动中俄科技创新合作向更高层次、更宽领域和更实成效不断发展，同时将为深化中俄友谊与合作发挥强劲的助推作用。李永森致辞，他首先代表山东省外办对论坛的召开表示祝贺，他希望德州学院能够依托资深专家、学者等资源优势，积极开展专题研究，早出快出成果，更好地为山东外事工作发展提供决策参考。省外办将及时与德州学院加强沟通联络，对接服务，形成工作合力，共同推动智库建设健康稳定发展，为打造对外开放新高地、实现高质量发展作出新的更大贡献。

安德烈·德格门德致辞，他介绍了俄罗斯科学院西伯利亚分院生物物理研究所的基本情况。他表示，本次论坛有助于中俄双方专业研究经验的交流，希望更多的年轻科学家参与到联合科学团队中来，进一步推动中俄两国友好合作关系和两国人民友谊的发展，共同为推动建设持久、和平、共同繁荣的和谐世界作贡献。奥莉佳·列别杰娃致辞，她表示两校合作多年，希望双方以此为契机，进一步加深合作交流，推动两校各项工作的共同发展。

赵胜村分别为安德烈·德格门德和奥莉佳·列别杰娃颁发聘书，并与安德烈·德格门德院士共同为德州学院—俄罗斯科学院西伯利亚分院生物物理研究所"中俄国际生物物理联合实验室"揭牌；生物物理重点实验室负责人、医药与护理学院负责人分别与奥莉佳·列别杰娃为德州学院—别尔哥罗德国立科研大学"细胞与微生物联合实验室""新型药物制剂联合实验室"揭牌。

李永平与安德烈·德格门德院士签订"天衢英才"合作意向书。开幕式上，工作人员宣读了俄罗斯联邦驻中国大使馆大使安德烈·杰尼索夫签批的贺信。开幕式后，与会人员参观了山东省生物物理重点实验室。

3.举办山东—俄罗斯艺术院校交流会

2021年3月24日，济南市组织济南七中等7所学校共14人参加了由中俄（山东）教育国际合作联盟主办的山东—俄罗斯艺术院校交流会。旨在促进与俄罗斯艺术学院以及俄罗斯各地中小学校建立友好合作交流学校，开展多样化的教育教学交流与合作，如建立网上课程交流、教育教学资源合作交流；积极整合教学资源，开展跨文化课程、艺术课程和以项目为基础的合作教学；推进中俄传统文化、艺术课程的发展和传承。

二、学校层面积极开展与俄罗斯的教育交流与合作

（一）高等院校注重国际化建设，积极与俄罗斯高校开展教育合作

1. 曲阜师范大学与俄罗斯高校建立友好合作关系

应俄罗斯赫尔岑国立师范大学和国立秋明大学的邀请，2018年12月5日至9日，曲阜师范大学校长张洪海率团赴上述两所高校进行交流访问。历史文化学院、生命科学学院和国际交流合作处等单位负责人随团出访。代表团首先访问赫尔岑国立师范大学，受到了校长巴克丹诺夫·谢尔盖·伊戈尔洛维奇的热情接待。张洪海就学校办学特色、国际化办学等方面情况进行了专门介绍，希望两校今后在研究生联合培养、教师互访以及跨文化交流等领域搭建合作平台，建立全面的合作关系。随后，双方签署了两校友好合作协议。代表团在赫尔岑国立师范大学访问期间，适逢山东省政府副省长于杰率教育厅、科技厅等单位负责人在此访问。于杰全程参加了两校交流活动，并出席两校友好合作协议签署仪式。于杰对曲阜师范大学与赫尔岑国立师范大学的合作给予充分肯定，他指出，曲阜师范大学要充分发挥地域优势和文化立校的特色，积极拓展对外交流、落实合作项目，助力山东经济文化与教育事业的发展。于杰还着重介绍了山东省教育发展状况，希望赫尔岑国立师范大学与山东省更多的高校建立合作关系，推动中俄两国高等教育更好地发展。

访问期间，代表团访问了我校友好学校国立秋明大学。国立秋明大学副校长托尔斯基科夫·安德烈·维克多维奇热情接见了代表团一行。双方回顾了两校自2008年以来在师生交流和学校领导互访等方面的情况，对两校合作所取得的成绩表示满意。随后，双方围绕拓展人文合作、建立理工科实验室合作平台、信息交换、联合申报课题等进行了交流探讨。座谈中，张洪海代表学校祝贺国立秋明大学"中国中心"成立，表示将全力支持"中国中心"的发展。张洪海指出，目前中俄关系密切，中国国家留学基金委加大了对国际合作项目的支持力度，希望两校借助这一机遇加强交流合作，在实验室建设、论文合作等方面取得更好的成果。访问期间，代表团分别与国立秋明大学人文学院、生命科学学院的教师进行了座谈。国立秋明大学人文学院教师高度评价了赴国立秋明大学访学的学生，表示希望进一步拓展科研合作和师生交流。张洪海希望在师生交流的基础上加强科研合作，推动学校人文学科教师参与到对方目前正在进行的欧盟教育研究项目中。双方还就目前各自正在进行的跨地区特色科研项目进行了深入交流。在生命

科学学院,双方重点围绕实验室合作进行了座谈,并实地考察了实验室和教学设施。张洪海指出,当前国际化的发展趋势势不可挡,双方应加强在教师和科研方面的合作,在生态修复、动物分子等方面找到合作方向和切入点,建议双方互派专家到对方学校讲学,争取尽早建立联合实验室。

2. 山东大学成为中俄综合性大学联盟创始成员院校

2017年9月13日,作为中俄人文交流机制的系列配套活动,中俄综合性大学联盟成立大会暨中俄大学校长论坛在深圳举行。中国国务院副总理刘延东,俄罗斯副总理奥·尤·戈洛杰茨出席论坛并致辞。山东大学成为中俄综合性大学联盟创始成员院校,副校长陈子江受邀作为联盟创始成员高校代表出席大会。成立大会由北京大学校长林建华主持,莫斯科国立大学校长维·安·萨多夫尼奇在会上发言。大会通过了《关于成立中华人民共和国与俄罗斯联邦综合性大学联盟的共同宣言》和《中国俄罗斯综合性大学联盟章程》。2016年北京大学与莫斯科国立大学签署了《关于成立中华人民共和国与俄罗斯联邦综合性大学联盟的共同宣言》,倡议成立中俄综合性大学联盟。目前,北京大学、清华大学、山东大学等40所中方高校和莫斯科国立大学、俄罗斯人民友谊大学、西伯利亚联邦大学等20所俄方高校加入联盟。各校将在现代教学方法、科学研究、文化教育以及社会活动等领域联合开展交流,进一步在两国战略指导下开展系统性合作,深化中俄高校间的实质性交流。

3. 山东交通学院成立了山东省首个中俄合作办学机构——顿河学院

2019年6月18日,山东交通学院顿河学院正式揭牌成立。山东省副省长于杰、省政协副主席王艺华等出席活动,与俄方共同为顿河学院揭牌。于杰在致辞中指出,山东正在推进现代化教育强省建设,鼓励省内高校与国外高水平大学开展多种形式合作,实现优势教育资源的"强强联合"。顿河学院要坚定不移地走内涵式发展道路,办出特色、办出水平,早日建成特色鲜明、世界一流的国际学院。山东交通学院顿河学院是与俄罗斯顿河国立技术大学合作举办的在中国境内开展全日制教育的中外合作办学机构。山东交通学院自2003年开始与俄罗斯顿河国立技术大学的前身罗斯托夫国立建筑大学开展合作,双方围绕"一带一路"倡议联合成立的顿河学院于2019年1月获教育部批准并将于当年夏季开始招生,顿河国立技术大学是俄罗斯联邦教育科学部首批11所"支柱大学"之一,是世界名校。顿河学院将开展本科学历教育,暂开设交通运输、土木工程、计算机科学与技术三个本科专业,顿河学院所招收的学生将按程序同期注册山东交通学院学籍、俄罗斯顿河国立技术大学学籍,实现"本硕"连读,即完成双方共同制定的人才培养方案,成绩合格后,可获得山东交通学院本科毕业证和学士学位、俄罗斯顿河国立技术大学学士学位、硕士学位。顿河学院充分引进俄方乃至全球优秀师资、核心课程和教学模式,为培养复合型国际化人才贡献力量,学院将开设"院士工作室""院士工作站",实现科研、教学、产业国际化融合协同发展。

此外,截至2021年9月,中国石油大学、中国海洋大学、山东农业大学、青岛大学等山东省内共计23所高等学校与俄罗斯学校建立了友好关系,开展国际教育交流,推进师生互访,联合举办中外合作办学机构和办学项目,为社会培养了一大批具有国际视野和专业知识的高素质国际化人才。

(二)中等学校积极与俄罗斯学校建立友好关系,开展多样化的教育合作

截至2021年9月,山东省内有3所中等学校与俄罗斯建立了友好关系,开展教育交流与合作,形式多样化且取得了积极成效,中等学校国际化水平走在了全国前列。济南市外国语学校于2010年与俄罗斯下诺夫哥罗德第67中学建立了友好学校,至今多次进行师生互访交流、互派教师任教及教学资源交流共享,至今已有100余名师生参加了国际教育主题交流;潍坊一中于2020年8月成为"中俄(山东)教育国际合作联盟"会员单位,2021年4月参加了中俄艺术院校交流会,开设俄语为中学生的第二外语,与俄罗斯学校广泛开展师生互访、短期师生交流和基于项目的学习等活动,提升了学校国际化氛围;潍坊市寒亭一中非常重视学校国际化建设,2017年邀请俄罗斯教育代表团来校交流、参观、访问,2018年选派12名同学报考俄罗斯名校,多人获得公费留学资格,2020年参加了中俄教育交流线上研讨会。近年来,学校每年都有多名同学报考俄罗斯大学,累计近30人赴俄罗斯留学,国际化办学取得良好效果。

第三节 山东与俄罗斯教育交流存在的问题

一、数量显著提升,质量和效果有待提高

山东与俄罗斯都拥有自己基本的教育理念和办学思想,由于发展历史、地域和国情的不同,国际化办学思想和理念形成了较大的差异,在高等教育发展的过

程中，没有对这些因素进行深入地分析和了解，导致山东与俄罗斯教育交流还存在重数量、轻质量的实际问题。在高等教育国际化的办学过程中，山东省内许多高校也没有充分认识和接受国际化的办学思想和理念，实际参与性不高，实施力度不强，缺乏清晰的国际化发展目标和发展规划，国内很多高校都是被动地完成国家下达的国际化教学任务，缺乏主动"走出去"的积极性。

二、中俄两国具有各自独特的民族文化传统，相互理解需要时间

俄罗斯拥有其独特的民族文化传统，是先辈们世世代代与不同的民族、文化以及他人交往积累的宝贵实践经验，具有较强的稳定性。中国具有5000多年的传统文化发展历史，与俄罗斯有着不同的发展历程，两国在传统文化发展过程中形成的道德观念和价值观念有很大的差异，进而教育理念和教学方法也存在很大的区别。在教育国际化的过程中，由于没有对两国间的文化进行对比分析，导致文化冲突和矛盾的产生。在教育国际化的过程中，应该将教育国际化和各个国家的传统文化结合起来。任何外来的教育方法和理论只有被当地的文化完全吸收、整合，才能解决所面临的实际问题，才能为高等教育的发展奠定基础和提供动力。

三、高等教育国际化管理团队和教师队伍建设有待加强

中国作为发展中国家，近几年经济发展速度较快，但是在教育方面也存在一些问题，国内许多高校在国际事务处理方面缺乏专业的管理人员，各高校在国外留学生的教学方面缺乏优质的教师队伍和教学资源等问题，是我们在国际高等教育交流时经常要面对的问题。

第四节 促进山东与俄罗斯教育交流的对策与措施

一、政府积极参与，为教育发展提供政策支持

在省政府和教育厅层面上，对其职能和角色进行重新定位，必须减少对大学的各种行政审批，缩短审批的流程，减少对大学教育教学和科研活动的直接干预，让省内高校成为自由活动的主体。加大在资金上的投入力度，足够的经费能够为全省教育的国际化发展提供安全保障；合理利用经费可以为高校带来丰富的

人力和物力资源。提供各种优惠政策鼓励省内高校与多国家高校间的合作办学和学术交流，包括扩大教育对俄罗斯的开放，如完善引进俄罗斯优质的师资队伍来山东从事教学和合作研究的政策体系等。

二、高度重视俄罗斯文化，将文化与教育紧密结合

山东应该抓住机遇，将文化与教育紧密结合，积极吸引俄罗斯学生来我省高校学习，使大学校园成为多种文化并存和相互融合的场所，吸收俄罗斯文化与教育的精髓，为山东的教育领域注入新的活力。同时，增加省内高校优秀学生留学俄罗斯的数量，也为俄罗斯教育领域注入山东新元素，将山东与俄罗斯的文化与教育紧密结合起来，谱写出两地教育的新篇章。

三、山东与俄罗斯教育交流应走向提质增效新阶段

中国教育国际交流协会会长、教育部原副部长刘利民在中国教育国际化研讨会上作主旨报告，他总结了我国教育开放在双向留学、涉外办学、人文交流、双边多边教育合作与全球教育治理等方面的成就，分析了当前面临的发展不平衡、质量有待提升、服务国家战略不足等挑战。而山东省与俄罗斯教育交流方面也存在着类似问题，如重数量、轻质量的办学实践，使得办学水平难有新突破。因此，我们也应该清醒地认识刘利民同志所说的，我国教育开放进入了从"做大"到"做强""做好"的提质增效新阶段。为此，我们应围绕"提质增效"这一中心，积极探寻新策略。

在双方具体的交流与合作中，需采取多种方式：一方面，要吸引更多俄罗斯的高校和留学生到山东来合作办学和学习，吸引俄罗斯教育组织落户山东，使齐鲁文化播撒俄方；鼓励有条件的高水平大学、知名中小学在俄罗斯建立分校，或设立海外学习中心（站），参与国际教育服务等。如此，创办山东与俄罗斯教育合作的高水平大学和二级学院。另一方面，双方多方面开展教育与学术交流，如山东与俄罗斯高校间建立语言预科培训、文化体验、科研联合研究等中心或基地；双方加强教育国际交流与合作专业服务机构建设等，促使山东教育的国际化程度与水平再上一个新台阶。

四、培养和引进优质师资队伍

培养和引进优质的师资队伍，为高等教育国际化奠定基础师资队伍是高校最

重要的资源，国内各高校应该为教师制订详细的培训和发展计划。创造良好的条件，使教师没有后顾之忧，能够全身心地投入教学任务中，创造良机鼓励在校老师出国交换、学习国外先进的教育理念和教学方法，提高教师整体的国际化水平。如建立境外教师培训基地，加大选派重点课程教师和骨干教师出境培训力度；积极引进海外教师、专家和管理人员，可以弥补山东省内学校在教学上的不足，要为派出或引进人员提供丰厚的待遇、优惠的政策和优越的工作条件，建设适应教育国际化要求的教师队伍。

五、增强学生国际交往能力和培养学以致用的新型人才

共同讨论设置适合山东与俄罗斯学生的课程体系，设置适合国际学生的课程和考核评价体系，积极发展山东与俄罗斯在教育领域的合作专业、双方的课程开放和学分互认。进一步开展学生交换项目的规模与渠道，尤其是扩大高等教育阶段学历教育留学生的规模和比例。探索并引进先进的、事宜的国际教育质量认证体系和标准，建立并实施山东国际教育质量认证制度，建设一批国际化品牌的学科专业和课程。加强双语教学和职业技能的学习，普遍提升双方各级各类学校学生的语言交流能力与专业资格能力。完善留学生奖学金制度和资助制度，探索建立留学生勤工助学和医疗保险等制度。确保双方学生能够在学习上获得他们所需的知识，在生活中也能够得到预期的满足，培养具有国际视野的专门人才。鼓励学生赴海外游学、实习和志愿服务，以适应国际劳务市场需求的学以致用的新型人才和高素质的劳动者。

第五节　山东与俄罗斯各子类教育交流的建设性思考

一、依托山东与俄罗斯友好合作城市，积极推进教育领域的对话与合作

俄罗斯是山东传统而重要的交流合作伙伴。以友城为依托，山东与俄罗斯合力开展地方间区域性教育交流合作。在友城和友好合作关系的引领下，全省综合性高校、职业学院、中专技校、中小学校和幼儿园，可望共同构建起山东与俄罗斯多层次、多领域、立体化的教育交流合作渠道布局，为双方发展全方位交流与

合作提供强有力的渠道与智力支持。

山东与俄罗斯友好关系建立早、分布广泛、结构多元。尤其是改革开放以来，山东与俄罗斯开展了丰富多彩的教育交往活动。如山东省济南市于1994年与俄罗斯下诺夫哥罗德市建立友好城市关系，这是山东省对俄缔结的第一对省级友城。这对友城是改革开放早期我省开展对俄教育交流合作的主要平台。而烟台市与俄罗斯顿河畔罗斯托夫市建立友好城市关系，后续开展的系列合作较为典型。

（一）烟台市与俄罗斯顿河畔罗斯托夫市签署友好协议，推进文化教育合作

烟台市十分重视与俄罗斯的交流合作，早在1992年，烟台企业首次对俄罗斯进行了投资。早在2015年8月，烟台市高新区代表团出访俄罗斯，与顿河国立技术大学副校长斯维特兰娜会面，就推进双方开展产学研合作进行了交流，高新区中俄合作促进中心与顿河国立技术大学多次进行视频会议，商榷双方合作共建中俄国际技术转移中心事宜。2015年11月30日，烟台高新区管委与顿河国立技术大学联合创立的中俄国际技术转移中心正式签约。2016年，烟台市经贸考察团访问了顿河畔罗斯托夫市，与时任市长谢尔盖·伊万诺维奇探讨了两市加强经贸、技术、人才合作等具体事宜，与顿河国立技术大学签订"俄中国际技术转移中心"合作协议，出席了"俄中国际技术转移中心"揭牌仪式。2016年7月，顿河畔罗斯托夫市副市长伊莉娜·尼古拉耶夫娜率代表团访问烟台市，出席了"丝绸之路高科技园区联盟研讨暨成立大会"，双方在经贸、旅游文化、健康养老等领域开展务实合作达成意向。

2017年6月22日，俄罗斯顿河畔罗斯托夫市与烟台正式签署两市建立友好城市关系协议，为烟台市今后积极践行"走出去"战略拓展了新渠道。友好城市协议的签署正式开启了双方全面合作时代，双方在工业、贸易、科技等方面展开合作，尤其是教育方面众多实际合作项目相继落地。俄方依托顿河国立技术大学——俄罗斯南部最有实力的大学，邀请烟台的教师到顿河畔罗斯托夫市访学，并派出俄罗斯专家到烟台市相关学校讲授俄语。文化教育合作促进了双方进一步的交流，深化了两市友好合作关系，为提升烟台与俄罗斯多领域合作注入了新的活力。

（二）东营市与俄罗斯阿尔梅季耶夫斯克市建立友好城市关系，推进文化教育合作

2021年7月23日，东营市与俄罗斯阿尔梅季耶夫斯克市建立友好合作城市

关系，并举行了签约仪式，这是山东与俄罗斯鞑靼斯坦共和国省级友城框架内新增的一对市级友好合作关系。在友好合作城市的助推下，东营职业学院与阿尔梅季耶夫斯克国立石油学院签署了国际交流合作备忘录，东营职业学院俄语教育中心和阿尔梅季耶夫斯克国立石油学院中文教育中心成功挂牌成立，促进了双方学校在教师互访、学生联合培养、国际科研协作等方面的进一步合作，取得重要成绩。

（三）济宁市与俄罗斯普斯科夫市建立友好城市关系，推进文化教育合作

2021年8月18日，济宁与俄罗斯普斯科夫市缔结友好合作关系城市。济宁文化底蕴深厚，是儒家文化发源地和中华文明重要发祥地，济宁交通便捷，始发于济宁市的"中欧班列"直达莫斯科、圣彼得堡、华沙等欧洲腹地城市，为双方交流合作创造了条件。友好城市关系的建立推进了双方的文化教育合作，例如，济宁学院与普斯科夫国立大学签署了合作协议，开启了两校国际化人才培养和科研合作的新篇章；济宁职业技术学院与普斯科夫国立大学签署了教育项目合作协议，共同举办中外合作办学项目。济宁与俄罗斯普斯科夫市友好城市关系的建立，为双方今后在文化、教育、经贸、旅游等领域开展多形式、深层次的交流合作奠定了基础。

二、全方位提升山东与俄罗斯教育交流的层次与质量

依据定期举办高层次教育论坛，可尝试全方位提升山东与俄罗斯教育交流的层次与质量，起步阶段可从"一对一"做起，逐步走向"一对多"，提升论坛层次，比如举办四年一届的"山东—俄罗斯（大学/职业教育/中小学/幼儿园）教育合作论坛"，邀请双方高层领导和教育界知名人士和权威专家出席，广泛交流双方意见，再现山东与俄罗斯教育交流活跃态势，共促双方教育对话与合作。教育人文交流拉近了双方人民的感情。

三、建立各具特色的鲁俄大学联盟

基于山东与俄罗斯国际化办学的良好发展态势，可尝试按照不同的学科特点、地域特色和发展重点，建立不同的鲁俄大学联盟，比如，鲁俄综合性大学联盟、鲁俄交通大学联盟、鲁俄医科大学联盟、鲁俄工程大学联盟、鲁俄计算机大学联盟等。教育人文交流是山东与俄罗斯交流合作的一大特色，内容十分丰富，

互动十分频繁。中俄教育教学、科学研究、师生交流等校际合作与交流近年来不断加深,中俄友好的桥梁进一步拓宽,助力中俄教育交流。

四、探索教育交流与合作新模式

基于鲁俄教育交流合作的传统,积极探索教育交流新模式,研讨教育合作新方法。山东省与俄罗斯积极发动双方教育界知名人士,利用"线上"模式开展交流,通过视频连线方式,群策群力,为鲁俄教育领域的合作交流贡献力量。

附一　以文化特色吸引国际学生
以开放姿态促进教育交流

——访俄罗斯国立高等经济学院教授伊萨克·弗鲁明

采访、整理 / 肖伟芹 [1]

伊萨克·弗鲁明是俄罗斯国立高等经济学院（Institute of Education at National Research University "Higher School of Economics"）教授。1979年，他毕业于克拉斯诺亚尔斯克国立大学；1987年担任克拉斯诺亚尔斯克大学实验学校的校长。在任职的13年里，他管理的学校成为全国最好的学校之一。1999—2011年，他主导了世界银行教育计划的项目推广工作。2011年起，担任"2020年前俄罗斯联邦国家安全战略"教育领域专家组的联合主席、新技术研发和商业化中心发展基金会（又称"斯科尔科沃基金会"）副主席。2012年，担任俄罗斯联邦教育科技部顾问和经合组织教育政策委员会俄罗斯代表团的成员。在访谈中，弗鲁明教授指出，中俄两国政府都非常重视建设世界一流大学，两国在教育改革、国际化建设方面可以加强经验交流和项目合作；"博洛尼亚进程"促进了俄罗斯教育国际化的发展，俄罗斯在毕业证书标准和英语教学方面的国际化程度不断提高，但是在培养模式和学位授予制度方面仍然保留自己的特色。

一、好校长应有远见和激情，深谙教育的过程和目的

《世界教育信息》：尊敬的伊萨克·弗鲁明教授，感谢您接受我们的采访。我们了解到，您1987年担任克拉斯诺亚尔斯克大学实验学校的校长。请您介绍一下学校的情况。您认为，一名好校长应当具备哪些基本条件？

伊萨克·弗鲁明：1987年，苏联开始改革，开启了一个新的时代。克拉斯诺亚尔斯克大学决定创建实验学校并任命我为校长。当时，我还是一名年轻的教师。一方面，学校可用的资源非常有限；另一方面，学校在决定发展方向、教学方法、组织教学的过程中有很大自主权。我当时面临的最大问题是在教学中推广

---

[1] 肖伟芹，教育部教育管理信息中心《世界教育信息》杂志特约记者。

新的教学方法。为此，我决定聘用年轻的教师，开始寻找推陈出新的方法。我们以维果茨基[1]提出的理论和一系列西方先进的教学方法为基础进行了教学实验。培养学生独立自主的精神和创新精神是我们的首要任务，因此，我们探索出独特的民主教学体系。之前，学校已有一些成熟的教学方法；后来，我们又引进了一些对当时的俄罗斯来说比较新颖的个性化教学方案。当然，我们想让学校成为寓教于乐的地方，让学生们在这里快乐地成长。建设学校氛围的过程十分微妙，需要考虑到成员之间的相互关系、人际交往的基本行为规范、班级的整体风貌和需要的空间。1999年，我离开学校，但直到现在该校仍享有很好的声誉。我认为，有远见、理解教育的过程和目的是成为一名好校长的关键因素。当然，还需要有激情来实现自己的教育梦想。

  《世界教育信息》：中国有不少教育学者关注苏联解体前后教育领域的变化。您认为，这之后教育领域发生的最大变化是什么？近几年，教育领域取得了哪些成绩？

  伊萨克·弗鲁明：这个问题提得非常好，我们学院有不少专家研究教育领域改革的问题。我们认为，教育领域发生重大变化有两个关键因素。首先，社会更自由、更积极地参与教育的发展。如果说以前国家实质上是教育唯一的服务对象，那么，现在教育也开始服务于其他对象，如企业、社区、家庭、学生。事实上，所有高校的变革都反映了这些重要的变化。其次，科技革命推动教育变革，尤其是数码科技。这两个推动因素确定了教育现代化的基本方向，包括高等教育学生数量迅速增加；选择人文社科专业的学生数量增加；教师薪酬体系改革，中学教师的平均收入达到该地区平均工资水平，而高校教师的收入水平高于平均水平；中学的信息化建设进程加快，现在俄罗斯所有的中学都可以上网；很多俄罗斯高校和中学具有共同的发展战略基础。一方面，教学质量国际研究的数据表明俄罗斯中学生的成绩在不断提高。例如，国际阅读素养进展研究（Progress in International Reading Literacy Study, PIRLS）测试中，俄罗斯是世界上成绩最好的国家之一；另一方面，也明确了俄罗斯教育系统最重要的使命是为所有人提供更多高质量的教育服务，让中学生和大学生掌握现代化的知识和信息时代的工作

---

[1] 维果茨基（1896—1934年）是苏联建国时期卓越的心理学家。他主要研究儿童发展与教育心理，着重探讨思维和语言、儿童学习与发展的关系问题。由于在心理学领域作出重要贡献，他被誉为"心理学中的莫扎特"。

技能。

二、世界银行教育计划推动俄罗斯教育发展和教育信息化建设

《世界教育信息》：1999—2011 年，您领导了世界银行教育计划项目的推广工作。请您介绍一下世界银行教育计划是如何推动俄罗斯的教育发展的。

伊萨克·弗鲁明：世界银行在促进俄罗斯的教育发展方面起着重要作用。在苏联时期，这是国际经验的重要来源渠道。我想介绍几个正在俄罗斯开展的项目。一个是涉及职业教育发展的项目。该项目旨在改善中学和技校的治理结构，推动技校现代化建设，引入新的教学设备和管理方式，特别是吸引社会和企业参与学校管理。该项目在个别地区试点推行，由于效果显著，相关成果被俄罗斯教科部推广到全国。另一个是教育信息化建设项目。在该项目的框架下，我们帮助中学在信息化技术推广和使用方面实现了飞跃式的进步。该项目的主要目的不是增加中学电脑数量、提高网络普及率等，而是取得新的教学成果。项目的目标主要包括三个方面：第一，研发新的教材；第二，对教师进行信息技术使用方面的技能培训；第三，建立中学联盟中心，使其成为信息技术推广使用的新增长点。目前，有超过 6000 所学校参与该项目。该项目成为中学信息化建设国家项目的触发器，促进了信息技术在俄罗斯中学教学活动中的应用和推广。

三、俄罗斯地方政府应积极参与教育管理工作

《世界教育信息》：请您介绍一下俄罗斯职业教育的概况。您认为，哪些经验可供中国发展职业教育借鉴？

伊萨克·弗鲁明：现在，俄罗斯正在推行针对职业教育改革和发展的政策，不仅涉及综合性大学，还包括各种专科学院。中等职业教育系统由各个地方政府管理后出现了很多问题，很多地区关闭了技校，降低了中等职业教育的普及率。对于国家来说，另外一个重要的问题是职业教育和技工课程吸引力低。政府最近几年才开始针对这些问题出台针对性的政策。培养学生实用职业技能的本科培养方案是加强人才储备的重要途径，我们称之为应用型本科人才培养模式。遗憾的是，大学和学院都缺乏与企业的互动，导致教育机构的教学与经济发展的要求脱节。区域社会经济发展不平衡和教育机构地区间的巨大差异导致联邦政府的政策不能得到有效推行。国际惯例和实践表明，高等教育机构和各种学院是推动区域经济发展的重要动力。最大程度地发挥高校潜力可以促进该地区取得战略优势，

缩小不同地区社会经济发展水平的巨大差异。目前，俄罗斯的高校仍然处于地方政府政策的外围。这可能是因为俄罗斯高等教育体系是世界上最中央集权的体系之一。只有3%的国立大学隶属于地方政府，其他的大学都隶属于联邦政府。俄罗斯教科部和俄罗斯国立高等经济学院共同开展加强地方政府参与教育管理工作的可行性测试。最近几年，我们正在尝试在个别地区施行新的教育项目，虽然目前还不能评价这些项目的效果。

四、世界一流大学应以开放的姿态进行国际文化交流

《世界教育信息》：请问，您对世界一流大学的定义是什么？中国和俄罗斯政府都非常重视建设世界一流大学，您认为两个国家分别面临着怎样的困难，有哪些经验可以互相借鉴？

伊萨克·弗鲁明：我认为，世界一流大学的教学和科研水平应当站在国家和国际的前沿，为社会经济发展作出重要贡献。世界一流大学积极参与全球范围的知识和技术交流，是重要的智力资源。建设世界一流大学是一项复杂艰巨的任务，应当超越国家的框架，以开放的姿态进行国际文化交流。这是世界一流大学的发展趋势。中国和俄罗斯交流建设世界一流大学的经验对双方都非常有益。首先，两国的教育发展有一些共同点。例如，俄罗斯和中国几乎同时把高等教育作为国家的重要资源；两国都制定了关于高等教育建设和改革的政策，其中包括建设世界一流大学；两国都不得不克服计划经济体制带来的难题，包括科研和教学脱节、专业划分体制占主导地位等。其次，两国在基础数学和科技领域教学方面有强大的传统，可以联手发展。我非常高兴看到俄罗斯国立高等经济学院与北京大学教育学院合作，交流教育领域的经验。教育领域的合作项目，如建立中俄联合大学，证明中俄两国教育领域的联系和合作正在不断加强。我认为，这项合作非常有前景，特别是硕士研究生的联合培养可以和更多的研究项目相结合。俄罗斯在这个项目里将发挥基础知识教学水平高、高水平专家资源丰富的优势。中俄联合大学的毕业生能更好地认识和掌握邻国的文化和科技成果，这会成为他们的优势之一。俄罗斯实力强大的科研中心也是中俄教育合作中很有潜力的教育资源。我们和北京大学教育学院合作开展的几个项目在世界范围内都是处于领先水平的。

《世界教育信息》：加入"博洛尼亚进程"，对俄罗斯教育体系有什么根本性的影响？

伊萨克·弗鲁明：不久前，俄罗斯根据"博洛尼亚进程"的标准完成了五年制人才培养模式向"学士—硕士"两级培养模式的转变。这有助于提高学术流动性、增加课程灵活性，有利于求学者在硕士学习阶段选择自己的未来职业。但是，"博洛尼亚进程"没有触动学位授予制度。俄罗斯暂时没有改革副博士学位和博士学位的计划，俄罗斯高等教育鉴定委员会也将会继续存在。现在，更为紧迫的任务是提高毕业论文的质量。提高毕业论文的质量需要改革研究生院的教学内容、加强学术监督、遵循高标准的学术道德规范。例如，在我们学院，研究生禁止从事研究生院以外的工作，这促使他们专注于自己的研究课题，提高研究成果的质量。

《世界教育信息》：现在，世界各国都在推动教育国际化事业。请问，俄罗斯高校是如何应对教育国际化的？中俄两国的高校怎样才能吸引更多国际学生就读？

伊萨克·弗鲁明：25年前，俄罗斯高等教育系统开始国际化的历程。这个过程是艰难的。加入"博洛尼亚进程"是俄罗斯教育国际化历程中的重要一步，促进了国际化教育体系的形成。例如，现在几乎所有的俄罗斯高校都提供国际标准的毕业证书。当然，学习英语、在教学和科研活动中使用英语也在俄罗斯高校国际化过程中发挥着重要作用。如今，俄罗斯在教育国际化进程中取得了很大的进步。目前，教育国际化的标志之一是网络开放课程的推广。我认为，俄罗斯高校应当积极应对，把其当作学生和教师进行国际交流的机会。当然，我们必须承认西方国家（主要是美国）的大学在这一领域更有竞争力。在美国的研究型大学中，国际学生数量比较多。俄罗斯和中国的高校不仅应当克服各种困难，还应当形成自己的大学文化，特别是要重视和提高本科阶段之后的人才培养水平。对于中俄两国的高校来说，吸引国际学生就读是有一定难度的。西方国家的高校，特别是英语国家的高校，有着语言方面的绝对优势。为了和他们竞争，我们应当形成更有吸引力的国家特色，特别是文化特色。我们学院的研究显示，相当多的国际学生到俄罗斯留学是因为喜爱俄罗斯的文学著作。对这些学生来说，读懂列夫·托尔斯泰甚至比找份好工作更有吸引力。

五、高等教育应培养具有多元化能力的杰出人才

《世界教育信息》：请您介绍一下俄罗斯国家统一考试的情况，并分析一下考试改革的趋势。

伊萨克·弗鲁明：2001年，俄罗斯开始试行国家统一考试。从2009年开始，国家统一考试成为唯一的中学毕业考试和主要的大学入学考试。国家统一考试由中央政府推行，采用统一的考题和评价方法。我们研究院进行过针对国家统一考试对教育系统各方面影响的专门研究。一方面，推行国家统一考试是俄罗斯教育系统的进步，为所有中学毕业生提供了明确、统一的要求，提高了学生的学习动力。所有考试都在学生的居住地进行，学生们不用为了进入某所大学而跑到大学所在的城市参加考试。另一方面，考试过程中的作弊行为在社会上引起广泛关注。但是，最近几年，随着国家统一考试的流程优化、组织工作的完善，违规行为大大减少，国家统一考试逐渐赢得了社会的信任。批判国家统一考试的主要论据是有时人们过于重视考试，考试培训替代了学习本身，但是，我们不认为这是大问题。总而言之，国家统一考试有积极的作用，今后还将继续推行，继续完善。

《世界教育信息》：在您看来，杰出人才培养的关键因素是什么？

伊萨克·弗鲁明：教育是全球性话题，在培养杰出人才的时候，要注重学生与其他国家专家的交流。例如，发展国际联系，加强学术交流，不同国家高校间的联合研究项目的合作具有非常重要的意义。特别是在科技人才的培养方面，国际交流占有举足轻重的地位。现在，很难预测将来需要什么样的人才，以及二三十年后哪些专业是热门专业。因此，教育，特别是高等教育，应当培养学生多元化的能力，并根据不断变化的社会需求调整自己。多元化的能力包括信息处理、辩证思维、团队协作、创造力、自制力等。我们学院创建了专门研究未来教育的中心。不久前，该中心的一份报告称，教育是一个过程，控制这个过程的不是教师，而是学生。这是可以改变21世纪教育界面貌的基本趋势。

六、良好的家庭教育有利于小学生阅读能力的培养

《世界教育信息》：俄罗斯从2000年开始参加国际学生评估项目（PISA），2009年的调查结果显示，与世界其他国家的同龄人相比，俄罗斯中学生的智力发展水平和文化程度远远落后。请问，您如何看待这一结果？

伊萨克·弗鲁明：参加国际调查为研究者和教师群体客观评估教学水平提供了条件。调查结果令人喜忧参半。40个国家（地区）的四年级学生参加了2006年国际阅读素养进展研究（PIRLS）的调查，俄罗斯的学生取得了最好的成绩。这说明，俄罗斯学生们的阅读能力不错，为日后的学习打下了坚实的基础。在国际

教育成就评价协会（IEA）进行的国际数学与科学教育成就趋势调查（TIMSS）中，俄罗斯学生也取得了不错的成绩。但是，在以 15 岁学生为调查对象、侧重知识实践运用的 PISA 的测试中，俄罗斯学生的表现欠佳，低于世界平均水平。这一结果引发我们的思考：为什么小学阶段掌握的知识到了中学阶段却没有增加和得到良好的运用？为什么理论知识掌握水平和实际运用水平之间的差距这么大？为了找到答案，我们学院进行了专门研究。我们在同一个班级里进行了 PISA 和 TIMSS 的研究，通过结果对比可以看到，俄罗斯中学对于把知识运用于实际的技能培养没有给予足够的重视。为此，在小学阶段家长和教师是如何积极提高学生掌握阅读技能的问题非常值得研究。我们的研究表明，家庭对于四年级学生在 PIRLS 测试中取得好成绩起到很大作用，甚至超过学校和班级的作用。不过，家庭教育的成效首先取决于孩子在家里能得到的教育资源，以及父母参与孩子阅读活动的积极程度。然而，我们同时也注意到一些学校面临复杂的社会经济条件，不能有效利用家庭教育资源。那么，是什么帮助学校弥补家庭教育资源的缺失？我们发现，取得好成绩的学校对成绩的期望值高，学生的学习强度大，学生合格率高；不进行题海战术，不要求学生死记硬背，而是在实践中运用知识，这样的课程改革也起到很重要的作用。

——引自 2020 年 7 月 18 日《世界教育信息》2015 年第 12 期，第 6-10 页

附二　山东与俄罗斯高等院校交流与合作情况简介

中国石油大学（华东）

1. 合作伙伴

截至2021年9月，中国石油大学（华东）已经与俄罗斯古勃金大学、乌法石油科技大学、别尔哥罗德大学、彼尔姆科研理工大学、彼尔姆国立大学、圣彼得堡矿业大学、莫斯科矿业大学、圣彼得堡交通大学、太平洋国立大学、奔萨国立大学、喀山联邦大学、白城国立文化艺术学院、后贝加尔国立大学、托姆斯克国立大学、南乌拉尔国立大学、航空技术大学、全俄地球物理研究所等17所大学和科研机构签署合作协议，开展教师互访、科研合作及学生互换项目等实质性合作。

2. 共建石油能源联合实验室

自2018年起，学校分别与古勃金大学、乌法石油科技大学、彼尔姆国立大学等俄方高校签署协议，共建石油能源联合实验室。近两年已邀请古勃金大学、彼尔姆国立大学等高校20余名教授线上讲学，累计授课超过200学时，专题报告18场次，我校参与师生近2000人。

3. 学生国家公派项目（CSC）

（1）促进与俄乌白国际合作培养项目。2020年至今，我校联合俄罗斯高校申报获批4个促进与俄乌白国际合作培养项目，获批资助名额总数为109人，其中访问学者7人，联培博士5人，联培硕士40人，本科生插班生57人，该项目连续资助3年。

（2）赴俄乌白专业人才培养计划。2015年起至今，学校已有45名学生获得该项目国家公派资格，赴莫斯科罗蒙诺索夫国立大学、古勃金大学等俄罗斯高校进行攻读硕士学位研究生的学习。

（3）俄罗斯互换奖学金项目。2015年起至今，我校已有37名学生获得该项目国家公派资格，赴莫斯科国立师范大学、圣彼得堡国立大学、国立普希金俄语学院等俄罗斯高校进行本科插班生、联合培养硕士研究生的学习。

4. 与中国—上合组织地方经贸合作示范区共建能源人文研究中心

中国石油大学（华东）上合国家能源人文研究中心于 2020 年 6 月由中国—上合组织地方经贸合作示范区管委会、中国石油大学（华东）、青岛合赢丝路国际能源发展有限公司三方签约成立，2020 年 12 月正式入驻中国—上合示范区国家客厅。该中心由中国石油大学（华东）外国语学院孙大满教授牵头，主要围绕"学术研究""人才培养""文化交流"和"智库研究"四个方面开展与上合国家的合作与交流，依托该中心策划举办大型国际论坛、专题研讨会、专家座谈会等活动。此外，该中心还承担中国石油大学（华东）学生实习实践任务。

5. 来华留学教育

2021 年 3 月，中国石油大学（华东）承办了教育部中外语言交流合作中心的"汉语桥"线上语言文化交流冬令营，乌法石油科技大学、彼尔姆科研理工大学和彼尔姆第二中学孔子课堂的师生们共聚云端、积极参与，相关新闻报道于俄罗斯国家电视台 1 台。

CSC 中欧学分生项目。2019 年至今共有 31 名来自彼尔姆国立大学、彼尔姆科研理工大学、乌法石油科技大学的在校学生在中国石油大学（华东）地质学、汉语言文学、汉语言课程进行学习。

2019 年，彼尔姆科研理工大学的师生们来校参加了中国石油大学（华东）组织的语言文化夏令营。

中国海洋大学

中国海洋大学与俄罗斯远东联邦大学语言培训项目取得了较好成果。俄罗斯远东联邦大学是俄罗斯远东地区综合实力排名第一的院校，俄罗斯 9 所联邦大学之一，15 所联邦政府重点支持进入世界前 200 的高校之一。2012 年，APEC 会议曾在海参崴举办，会议之后会议旧址赠与了俄罗斯远东联邦大学。2015 年，普京总统签署总统令，宣布每年在符拉迪沃斯托克举行东方经济论坛，以促进远东地区经济发展和国际合作。历届东方经济论坛都在该校举行。

2004 年，中国海洋大学与俄罗斯远东联邦大学签署合作备忘录，拟深入开展学术交流和教育合作，积极推动教师和学生的互访，并开展科研与文化的交流。自 2014 年开始，学校开办俄罗斯远东联邦大学语言培训项目，因场地等原因后停办。国际教育学院于 2018 年恢复开办该项目，该项目旨在培养精通俄语的国际人才。2021年1月项目协议到期，由于学校办学资源有限，经合作双方同意，该项目已于2021年1月停止。2018—2021年共培养了135名学生赴俄罗斯远东联邦大学学习。

山东农业大学

山东农业大学成立于1906年。学校开设有俄语本科专业。2013年，通过在俄工作教师与普希金俄语学院建立联系，开展学生交流，至今已有多名学生通过自费形式赴该校插班学习攻读大学三年级课程。自2016年起，每年有3～4名学生通过国家留学基金委中俄政府奖学金项目赴俄罗斯圣彼得堡国立大学、普希金俄语学院等知名高校插班学习或攻读硕士研究生。

2015年，学校与米丘林斯克国立农业大学建立校际合作关系，签署合作谅解备忘录；2016年，俄罗斯季米利亚泽夫国立农业大学代表团来访，商讨合作与交流；2017年，西北农林科技大学与俄罗斯奥姆斯克国立农业大学共同发起成立了中俄农业教育科技创新联盟，学校是成员单位之一。2020年，与俄罗斯彼尔姆国立大学签署俄语专业本科生2+2联合培养协议。学校借助于俄语专业优势，与俄罗斯高校在师生交流、本科生和研究生联合培养方面合作较多。

青岛大学

1. 与俄罗斯圣彼得堡国立大学合作情况

2011年，由青岛大学与圣彼得堡国立大学联合申报，山东省科技厅批准建设山东省国际（港澳台）科技合作平台"山东省中俄运筹与管理合作研究中心"；2015年，青岛市科学技术局批准设立青岛市国际科技合作基地"青岛市中俄博弈科学与工程联合研究中心"。2017年，数学与统计学院推荐申报的俄罗斯团队项目成功入选首批山东省"外专双百计划"项目，其主要成员包括圣彼得堡国立大学应用数学与控制过程系的Elena Parilina和Artem Sedakov教授。2018年，圣彼得堡国立大学应用数学与控制过程系与青岛大学数学与统计学院签署院系合作协议。2018年9月11日至9月20日，胡金焱书记访问圣彼得堡大学期间，就两校人才联合培养、科研团队共建等实质性合作进行深入商讨，揭牌成立离岸创新基地：青岛大学数学与系统科学研究院（圣彼得堡）。

2018年12月，在全国博士后管委会办公室组织开展的2018年度"博士后国际交流计划"引进项目申报工作中，由高红伟推荐，青岛大学系统科学博士后科研流动站拟引进的圣彼得堡国立大学应用数学与控制过程系青年教师Petrosian O.成功入选，博士后合作导师为高红伟。2017—2020年，数学与统计学院高红伟指导的6名硕士研究生（甄孟可、孙凤艳、孙萍、孙浩、薛娟、周姜婧）相继获圣彼得堡国立大学俄方全额奖学金，由学校公派赴俄罗斯攻读硕士学位；其中4人（甄孟可、孙凤艳、孙萍、孙浩）相继获圣彼得堡国立大学俄方全额奖学金攻读博士学位；其中3人相继获得中国国家留学基金管理委员会（CSC）资助，出国留学身份转为国家公派。2020年12月，学校与俄罗斯圣彼得堡国立大学签署学术与科研合作协议和学生交流协议。2021年1月，学校获批国家留学基金委俄乌白国际合作培养项目，通过该项目学校每年将资助教师、学生23人赴俄罗斯圣彼得堡大学进修或攻读学位。多年来，青岛大学与圣彼得堡国立大学合作者联合申报并获批多项国家自然科学基金国际（地区）合作交流项目，取得卓有成效的国际科技合作成果。

2. 与俄罗斯新西伯利亚大学合作情况

2018年，学校领导率团访问了新西伯利亚国立大学，双方就两校开展多领域的交流与合作进行商讨并达成一致。两校校领导签署合作协议，揭牌成立离岸创新基地——青岛大学数学与系统科学研究院（新西伯利亚）。

3. 与俄罗斯坦波夫国立大学合作情况

1997年，学校首次派遣校长访问团出访该校，之后两校交流不断开展。1999年，经山东省政府外办批准，青岛大学正式与俄罗斯联邦教育部属的坦波夫国立大学建立友好校际关系。2001年坦波夫国立大学国际合作副校长与外事处处长来访，两校签署了合作备忘录，给两校的实际性合作奠定了基础。2002年10月30日，两校签署了人员交流协议，并在该年得到了实施。2016年，学校领导在俄罗斯访问期间，与坦波夫国立大学续签两校合作协议，双方就深化两校20年的合作交流进行了深入探讨，并就联合申请金砖框架下的科研合作项目签署合作备忘录。2017年，两校签署中国青岛大学与俄罗斯坦波夫国立（杰尔扎文）大学合作协议。

4. 青岛大学上合英俄双语创新实验班情况

2019年，青岛获批建设全国首个"中国—上海合作组织地方经贸合作示范区"，该示范区是青岛国际化建设的制高点。国际合作，语言先行。为助力上合示范区建设，加强中国和上合组织国家间的互联互通，提升青岛在"一带一路"

建设中的战略地位，青岛大学于2021年创办"上合英俄双语创新实验班"并招生，培养"精英语、懂俄语、通国情、善交流"的复合型拔尖外语人才。

该班发挥英语专业优势，加入俄语培养内容，形成"英语+俄语"的双外语特色。英语专业培养标准与普通英语专业保持一致，在基础阶段开设英语听说读写译类语言技能课程，在高年级阶段开设语言学、英美文学以及翻译学等专业方向课程，语言能力要求达到英语专业八级水平；俄语类课程以培养俄语听说读写译语言基本技能为主，高年级开设俄罗斯及中亚国家国情文化、俄罗斯文学等专业方向课程，语言能力要求达到俄语专业四级水平。重视语言应用能力和对象国文化素养培养，创造出国访学机会，使学生在语言能力和综合素质方面得到全面发展，在考研、留学以及就业方面形成独特优势。

山东科技大学

山东科技大学历来重视与俄罗斯高校及科研院所之间的教育文化交流。自1989年以来，学校与俄方高校开启实质合作以来，已与俄罗斯库兹巴斯国立技术大学、俄罗斯人民友谊大学、俄罗斯自然科学院等10余所俄罗斯高校及科研院所建立了友好合作关系，并通过校际交流互访、师生互派、联合科研、共同举办中俄双边会议等多种形式全面深化合作，取得丰硕交流成果。2005年，"山东省—俄罗斯科技合作中心"在学校正式挂牌成立。鉴于学校在对俄合作与交流方面做出的突出成绩，山东省人民政府决定将山东科技大学确立为"山东省与独联体国家科技合作指导委员会"成员单位。2020年11月，学校加入中俄（山东）教育国际合作联盟。

1. 人文交流

近两年来，学校主动对接国家重大战略需求，结合学科特色，发挥学科专业优势，瞄准世界知名高校，积极加强对外联系，同俄罗斯多所高校及科研院所开展全方位、宽领域、多层次的中外人文交流与务实合作。

（1）与俄罗斯库兹巴斯国立技术大学合作。

学校与俄罗斯库兹巴斯国立技术大学于1989年起建立友好合作关系。自2017年，两校化工学院启动交换生交流项目：双方互派三年级化学工程相关专业学生参加交换生项目，赴对方学校进行为期90天的学习和生活，促进了两校教学和文化的交流。

学校积极依托国家留学基金委促进与俄乌白国际合作培养项目等各类留学支持计划，着力加强与俄罗斯高校间的国际教育合作。2021年1月，学校与俄罗斯库兹巴斯国立技术大学、乌克兰国立技术大学合作申报的"矿业领域国际合作人才培养项目"获批国家留学基金委2021年促进与俄乌白国际合作培养项目。该项目是山东科技大学首次获批国家留学基金委院校国际合作培养项目。通过该项目，每年将资助访问学者、博士研究生、联合培养博士研究生、硕士研究生、联合培养硕士研究生、本科插班生共计20人赴俄罗斯库兹巴斯国立技术大学、乌克兰国立技术大学进修或攻读学位。

（2）与俄罗斯人民友谊大学合作。

学校与俄罗斯人民友谊大学于2017年5月建立了友好合作关系。2018年10月，两校针对学生联合培养、教师互访、科研合作等事宜进行了磋商，达成了多项共识，共同签署了《中国山东科技大学与俄罗斯人民友谊大学科研教学合作协议》。

（3）与俄罗斯莫斯科鲍曼国立技术大学合作。

2021年，学校与莫斯科鲍曼国立技术大学签署《合作协议》。学校拟引进莫斯科鲍曼国立技术大学动力系统、机械制造、自动化、信息技术等优势学科专业，开展师生互访、科研合作等多形式、宽领域合作。

此外，学校与俄罗斯托木斯克理工大学、俄罗斯国立地质勘探大学、俄罗斯圣彼得堡理工大学、俄罗斯联合金融工业大学、俄罗斯莫斯科国立矿业大学、俄罗斯自然科学院等高校及科研院所保持着友好合作关系。

2. 联合科研

（1）对俄科研合作项目。

多年来，学校始终把对俄交流与合作作为引智工作的重点，紧紧围绕学校整体发展规划，从实际需要出发，统筹安排，逐步解决学科建设、人才培养、科学研究中的重大难题。山东科技大学的对俄合作项目"多孔金属件化合物材料研究""控制地表开采沉陷的注浆减沉技术与工艺研究""高温等离子控制原为合成反应表面处理设备与工艺""燃煤热电厂烟气高效脱硫氮汞关键技术"等涉及新材料、矿区开采、土木工程、煤化工等领域，并已在不同领域、不同行业发挥出显著的经济和社会效益。

（2）中俄双边会议。

山东科技大学与俄罗斯库兹巴斯国立技术大学于1991年签署首轮校际合作

协议。根据协议，自 2000 年开始，两校每两年轮流举办一次"中俄城市与矿山地下工程学术研讨会"，议题涉及矿业、安全、岩土、地质、能源、化工等多学科领域，共同讨论解决煤炭开采技术、地下工程建设及安全等方面的前沿问题、难点问题，国际科研、教育合作项目交流频繁、资源潜力丰富，共谋各领域国际化创新发展新良策。至今中俄双边会议已成功举办 9 届，双方以科研、教育合作项目为依托、合作出版科研成果、进行学者互访、学生联合培养等。会议论文集被 SCI 核心合集或 EI（工程索引）、Scopus 收录。双方学者借此平台进行了深入地探讨与交流，形成丰硕成果，达成两国政府、山东省和青岛市资助的科研合作项目 30 余项，实现了煤炭行业高质量发展，助力了我国能源战略的绿色、安全、高效发展，建立了中俄国际化交流平台，提升了山东科技大学国际化建设。

2017 年 8 月，由中国岩石力学与工程学会、俄罗斯科学院西伯利亚分院、俄罗斯科学院远东分院、俄罗斯远东联邦大学等单位主办，山东科技大学、山东大学、山东省土木工程防灾减灾重点实验室、山东岩石力学与工程学会、山东省矿山灾害预防控制省部共建国家重点实验室培育基地等单位承办的"第七届中俄深部岩石动力学高层论坛"在山东科技大学举行。论坛中方主席、中国工程院院士钱七虎教授，中国工程院院士蔡美峰教授，中国科学院院士宋振骐教授、何满潮教授，俄罗斯科学院院士 Oparin V. 教授和 Guzev M.A 教授，中国岩石力学与工程学会理事长冯夏庭教授，论坛中方副主席、辽宁大学校长潘一山教授以及来自中俄两国 40 余家高校和科研院所的 180 多位领域内知名专家出席论坛。高层论坛的成功举办，进一步增进了中俄双方的友谊，促进了山东科技大学与俄罗斯高校及科研院所的合作关系，为今后在更深更广的领域开展交流与合作奠定了坚实的基础。

山东财经大学

山东财经大学实行开放式国际化办学的发展战略，与俄罗斯、英国、法国、意大利、美国、加拿大、澳大利亚、新西兰、韩国、日本等 20 余个国家的 100 余所高校和教育机构建立了广泛稳定、多层次、多形式的交流合作关系，是"金砖国家智库合作中方理事会"理事单位，中国—俄罗斯经济类大学联盟（ASREU）、中俄（山东）教育国际合作联盟创始成员高校之一，亚太管理学院联合会（AAPBS）大陆 12 所高校之一。

依据中俄总理第十八次定期会晤期间,双方签署的《中华人民共和国教育部和俄罗斯联邦教育科学部关于支持组建中俄同类高校联盟的谅解备忘录》和中俄两国教育部会议精神,2013年两国著名经济类高校共同打造了"中国与俄罗斯经济类大学联盟",山东财经大学为联盟创始高校之一。学校积极参与联盟活动,并于2017年10月承办了联盟第五届年会,此次活动极大地提升了学校在联盟成员之间,乃至国际国内的影响力,在中俄人文交流合作方面又推进了一步。借助这一平台,学校积极拓展与联盟成员间的合作,已与俄罗斯圣彼得堡国立经济大学、普列汉诺夫经济大学、联邦政府财政金融大学、西北管理学院(俄罗斯总统直属国民经济与行政学院分院)、西伯利亚联邦大学、太平洋国立大学6所俄罗斯成员高校建立了校际友好关系,并建立了教学与研究平台,在学生交换、寒暑期夏令营、教师互派授课、合作科研、共同培养高端人才等方面开展了实质性的合作,取得了良好的效果。近年来,学校50余名优秀学生赴俄参加交换生以及短期访学项目;8批次教师赴俄进行访问和讲学。

为积极推进新兴经济体领域的研究工作,2019年年初,学校成立了新兴经济体研究中心,邀请了来自俄罗斯、捷克、波兰等国家的专家和学者进行学术交流。该研究中心于2019年9月成功举办了第一届年会,中俄两国的相关专家受邀参会并作主题报告,会上两国专家就欧亚大陆经贸合作进行了深度交流。

2020年8月11日,学校党委副书记韩作生代表学校应邀参加"相约上合"山东—俄罗斯教育交流合作对话会暨中俄(山东)教育国际合作联盟成立大会,并作大会发言。一年来,学校积极参加联盟的各项活动,不断拓展与联盟成员间的实质性的深入合作。

山东第一医科大学

目前,山东第一医科大学俄语专业与俄罗斯两所高校开展合作。

一是莫斯科州国立大学。自2016年9月起,学校与莫斯科州国立大学开展合作办学,每年选取一定比例的学生到莫斯科州国立大学进修学习。合作形式包括"1+3"模式,即山东第一医科大学学生在大三到莫斯科州国立大学插班学习一年;"2+2"模式,即学生前两年在山东第一医科大学学习,后两年到莫斯科州国立大学学习,毕业时获得两校本科双学位;"4+2"模式,山东第一医科大学学生毕业到莫斯科州国立大学攻读硕士研究生。受疫情影响,"1+3"和"2+2"

模式的在校生交流合作受阻。"4+2"模式仍在进行，2021年9月校（院）从俄语专业本科学生中选拔11名同学拟于2022年赴莫斯科州国立大学读研。

二是彼尔姆国立大学。2020年秋季学期，两校签署"2+2"双学位合作办学协议，受疫情影响，至今未派学生参加该合作办学项目。

青岛科技大学

青岛科技大学外国语学院设立了俄语系，开设了俄语本科专业。目前学校与俄罗斯坦波夫国立技术大学、沃罗涅日国立大学、俄罗斯国立师范大学、托木斯克理工大学、托木斯克国立大学建立了友好合作关系。其中与坦波夫国立技术大学、沃罗涅日国立大学、俄罗斯国立师范大学建立了校际友好交流机制，每年派送多名免费交换生前往上述学校交流学习，同时也接收上述学校的俄罗斯学生来学校学习汉语言课程。

济南大学

1. 友校建设

济南大学与伏尔加格勒工业大学、远东国立交通大学、鄂木斯克国立师范大学、彼得大帝圣彼得堡理工大学、圣彼得堡国立经济大学建有校际合作关系。

2. 平台建设

2020年8月，济南大学参加由山东省人民政府外事办公室与山东省教育厅联合举办的"相约上合"山东—俄罗斯教育交流合作对话会，并加入中俄（山东）教育国际合作联盟。

3. 教师交流

（1）2018年，学校聘请俄罗斯教师2人来校任教，其中1人在美术学院任绘画教师，1人短期来访，在学校举办了高尔基肖像画大师班。

（2）2018—2019年，济南大学文学院教师张云受俄罗斯国立圣彼得堡大学邀请，两次访问该校进行科研合作，并完成其课题项目《俄罗斯圣彼得堡大学馆藏汉典编目》。

4. 学生交流

2018—2021年，学校共招收俄罗斯籍留学生20人，其中硕士研究生7人，本科生 5 人，语言进修生 8 人。

青岛农业大学

青岛农业大学历来重视与上合组织国家的高校和科研院所开展科教合作，积极响应"一带一路"重大倡议，学校与上合组织国家的合作院校取得了一系列实质性交流合作成果。

1. 与上合组织国家开展交流合作的高校和科研院所

青岛农业大学先后与俄罗斯米丘林国立农业大学、俄罗斯伏尔加格勒国立农学院、俄罗斯圣彼得堡国立农业大学、俄罗斯伊尔库茨克国立农业大学、俄罗斯农业工程中心、巴基斯坦费萨拉巴德农业大学、白俄罗斯国立技术大学等高校和科研院所签署协议，在教学、科研、师生交流等领域开展交流合作。

2. 与上合组织国家的主要交流合作成果

2001 年 6 月 15 日，上海合作组织在我国上海正式成立，俄罗斯是上合组织创始成员国之一。学校非常重视与俄罗斯高校与科研院所的交流合作，并产生了一系列实质性重要成果。

（1）推动苹果抗寒矮化砧木技术的引进与转化。

（2）做实国际田间试验机械化协会（IAMFE）国际总部工作。

2004 年以来，青岛农业大学与俄罗斯圣彼得堡国立农业大学、俄罗斯农科院西北农业工程与电气研究所和俄罗斯农业工程中心建立了友好互访关系。2004—2012 年，国际田间试验机械化协会（IAMFE）国际总部设在俄罗斯圣彼得堡国立农业大学；2012 年 10 月至今，国际田间试验机械化协会（IAMFE）国际总部设在青岛农业大学。

此间，青岛农业大学机电工程学院院长尚书旗教授分别担任国际田间试验机械化协会的副主席（2004—2008 年）和主席（2008 年至今），来自俄罗斯农业工程中心的米宁教授担任协会秘书长（2004—2012 年）和副主席（2012 年至今）。2011 年，青岛农业大学和俄罗斯农科院西北农业工程与电气研究所与新西兰、瑞典相关单位联合签署了"国际种业链六方合作备忘录"。2014 年，青岛农业大学与俄罗斯圣彼得堡国立农业大学及西北农业工程与电气研究所签订了"建立中俄农业与生物工程科研中心建议书"。2015 年，青岛农业大学与俄罗斯农业生产工程和生态问题研究所签订了"作物育种小区智能装备研究合作备忘录"。2017

年6月，第15届国际田间试验机械化研讨会在俄罗斯莫斯科召开，该国际协会主席、青岛农业大学尚书旗教授带领中国代表团出席并主持大会。2019年5月，青岛农业大学尚书旗教授、王东伟教授访问了俄罗斯圣彼得堡农业大学和俄罗斯农业工程中心，中俄双方就各自的优势研究领域、合作意向和合作形式进行了深入探讨，并初步确定了在农业工程领域未来的合作方向、合作形式和工作重点。

（3）承办中俄科技创新年重点科技活动。

在中国科技部和俄罗斯科学与高等教育部的指导下，由中国农村技术开发中心、青岛农业大学、俄罗斯农业工程中心共同主办的中俄科技创新年重点科技活动"中国—俄罗斯智能农机装备与先进技术研讨会"于2020年11月25日在青岛农业大学举行。

研讨会上，4位中国专家和7位俄罗斯专家围绕智能农机前沿技术和基础研究、智能农机技术和装备研发与应用、智能农机产业市场发展等主题做了专题报告。青岛农业大学、中国农业机械化科学研究院、中国农业机械流通协会、俄罗斯农业工程中心、圣彼得堡国立农业大学、俄罗斯农业生产工程和生态问题研究所共同签署《中国—俄罗斯农业装备科技创新与产业发展合作协议》，宣布共建"中俄智能农业装备创新中心"，确定并公布创新中心的职能和章程等制度文件。会后，学校机电工程学院院长尚书旗教授接受了俄罗斯卫星通讯社关于该研讨会的专访，在《面对面》节目中介绍了俄中农机领域的合作与前景展望。有关中俄参会专家的会议论文，在俄罗斯农业工程中心自办的学术期刊《农业机械与技术》（俄罗斯BAK检索期刊）上以专刊的形式予以发表。

潍坊医学院

潍坊医学院与俄罗斯人民友谊大学于2020年开展教育合作。期间两校通过视频会多次洽谈交流。

2020年12月25日，两校医学教育战略合作备忘录线上签约仪式在浮烟山校区举行。潍医副院长张建华、俄罗斯人民友谊大学副校长拉丽萨·叶夫列莫瓦代表双方学校签约。

2021年2月24日，两校线上签署《潍坊医学院与俄罗斯人民友谊大学关于合作举办护理学专业本科层次教育项目协议书》。潍医院长管英俊与俄罗斯人民友谊大学国际事务副校长、国家二级行政顾问、俄中双边学术交流和教育科技合作发展工作组俄罗斯联邦负责人拉丽萨·叶夫列莫瓦代表两校签署协议并讲话。

2021年3月，两校联合申报护理学专业本科中外合作办学项目，通过山东省教育厅答辩后，上报教育部。

2021年6月，俄罗斯人民友谊大学医学院副院长尤利娅为本校学生讲授国际课程。

2021年9月，由潍坊医学院申报俄罗斯人民友谊大学国际事务副校长拉丽萨·叶夫列莫瓦获"山东省人民友好使者"。

鲁东大学

鲁东大学自2013年起，拓展并加强与俄罗斯高校的教育交流与合作，在来华留学、科研合作、合作办学及华文教育推广方面取得了丰硕成果。

1. 访团派出

学校先后于2016年、2017年和2019年派出校级访团共计10人出访俄罗斯地区高校及科研机构，全面布局对俄合作，加大对俄交流的广度与深度。

2. 来华留学

俄罗斯籍来华学生自2014年起逐年递增，截至2021年9月已达到3039人次，占据鲁东大学来华国际学生比例的45%，俄罗斯已成为鲁东大学国际学生的主要来源国之一。

3. 科研合作

2018年，学校与俄罗斯顿河国际技术大学、俄罗斯下瓦尔托夫斯克国立大学联合申报欧盟伊拉斯谟项目，该项目于2019年顺利结题。

2020年，学校与俄罗斯下瓦尔托夫斯克国立大学共同申报中国国家自然科学基金和俄罗斯联邦基础学科项目，共建河谷地质研究中心。

4. 合作办学

2020年，学校与莫斯科州国立大学开展汉语国际教育硕士联合培养项目，目前第一批学生共计10人已顺利完成双注册。

2021年，学校与莫斯科州国立大学开展艺术设计本科合作办学项目正在申报中。

5. 华文教育推广

2019年，学校与俄罗斯伊曼努尔·康德波罗的海联邦大学达成共建孔子学院意向，因疫情及孔子学院转隶缘故，共建工作持续推进中。

2021 年，学校与莫斯科州国立大学达成共建汉语中心意向，双方正在签署共建协议。

山东女子学院

山东女子学院分别于 2010 年、2011 年同俄罗斯新西伯利亚国立师范大学和彼尔姆国立大学建立签署校际交流合作协议，拉开了与俄罗斯高校的交流与合作。

新西伯利亚国立师范大学、彼尔姆国立大学的领导曾多次访问山东女子学院，学校党委书记郭翠芬也曾于 2015 年访问彼尔姆国立大学。学校领导间的互访，对加深山东女子学院与俄罗斯高校的感情，增进山东女子学院与俄罗斯高校在学术人文方面的交流起到了推动作用。

自 2016 年起，学校俄语专业共 26 名学生前往俄罗斯彼尔姆国立大学进行"2+2"双学位交流学习，多名俄语专业教师赴俄罗斯访学或修读博士学位。

2016—2021 年，学校俄语专业共 18 名学生获得中俄政府奖学金项目资助，前往俄罗斯人民友谊大学、喀山联邦大学等著名高校交流学习。

2020 年 8 月，学校加入中俄（山东）教育国际合作联盟，进一步加强了与俄罗斯高校间教育人文交流。学校积极参与联盟举办的各项活动及会议，组织俄语专业教师参加联盟举办的俄语教育论坛，选拔多名俄语专业学生参加"相约上合"杯俄语大赛，取得优异成绩。

临沂大学

临沂大学与俄罗斯高校间的合作交流始于 2003 年，先后与俄罗斯图拉国立师范大学、符拉迪沃斯托克国立经济与服务大学、东北联邦大学、弗拉基米尔国立大学、别尔哥罗德国立工艺大学等 8 所院校签署校级协议。十几年来，在校领导互访、外专引智、师生互换、汉语国际推广、公派留学等方面开展了多次交流往来。

近年来，学校共有 3 名教师、17 名学生参加国家留学基金委组织的俄罗斯公派留学项目；10 余名教师赴俄罗斯高校参加短期交流；30 余名学生赴俄进行交换学习；20 余名学生赴俄攻读硕士学位。先后接收俄罗斯籍留学生来校学习、交流 100 余人次；常年聘请俄罗斯外教承担俄语课及艺术类专业课的教学任务。

2021 年，学校与俄罗斯别尔哥罗德国立工艺大学签署关于合作举办机械设计制造及其自动化专业本科教育项目的协议书，目前正在申请材料准备与提报阶段。与弗拉基米尔国立大学签署共建语言中心的合作协议，旨在满足山东省境内学生学习俄罗斯文化和语言的需求。与弗拉基米尔国立大学拟开展本科生联合培养项目，协议草稿已经初步拟定。

枣庄学院

2018 年，枣庄学院接待俄罗斯圣彼得堡国立师范大学来访，与该校达成包括教师深造、学生交换、升学、科研成果交流、共享等议题在内的合作共识。

2018 年，党委书记曹胜强率团赴俄罗斯交流访问。期间，与伏尔加格勒国立大学和莫斯科国立师范大学达成了合作共识并签署合作协议。在俄期间，学校与俄罗斯中俄人文发展合作中心达成合作共识，并聘请该中心主任尹斌博士来校担任中俄教育科技文化交流中心主任。该中心致力于联合俄罗斯高校与枣庄学院开展本科层次合作办学项目、面向俄罗斯招收来校留学生、负责与俄罗斯高校、研究机构开展联合培养研究生工作、根据学校发展需求引进俄罗斯高水平专家、团队（含制定学科国家院士）来校工作、促进枣庄市与俄罗斯开展经济、教育、科技、文化等领域的交流与合作。

学校与俄罗斯伏尔加格勒国立大学在建立友好学校的基础上扎实开展师生交流工作，两校建立了交换生互派遴选机制，互派工作将在新冠肺炎疫情结束后进行。两校还就中俄民间外交议题进行了深入探讨，双方就推动中国台儿庄大战纪念馆、俄罗斯斯大林格勒保卫战纪念馆建立合作关系，继而推动枣庄市与伏尔加格勒市建立友好城市并促进两市、两国企业、人民通过民间外交渠道建立更亲密友谊。

学校计划与莫斯科国立师范大学在建立友校的基础上申报地理、生物相关专业的中外合作办学项目，目前双方正就该计划积极对接中。

2019 年，学校与俄罗斯伊尔库茨克国立大学联合开展了学历提升项目。伊尔库茨克国立大学，是俄罗斯东西伯利亚及远东太平洋地区历史最悠久的著名高等学府，始建于 1918 年 10 月 27 日。目前，伊尔库茨克国立大学直属于俄罗斯联邦高教部，是俄罗斯最好的 10 所大学之一，也是国际大学联合会的成员。目前，学校已经选拔多名优秀毕业生赴该校进行硕士阶段学习。

2020 年，学校积极响应省教育厅号召，加入"相约上合"中俄教育联盟组织，成为中俄（山东）教育国际合作联盟会员。组织学生参加"相约上合杯"俄语大赛。

2021 年 4 月 1 日，学校与俄罗斯莫斯科国立建筑大学举行线上交流会议，重点就城市建设类专业项目合作开展务实交流。俄方表示愿意充分发挥自身优势，在师资交流、学历提升、海外办学、汉语教师输出等方面为枣庄学院师生提供优质资源，进一步提升枣庄学院的国际竞争力和影响力。枣庄学院城市与建筑工程学院负责人裴娜分享了土木水利类专业的基本情况。双方还围绕师生互派交流、开展合作办学项目等方面进行了深入交流，并初步达成了一致意见。

济宁学院

济宁学院十分重视与俄罗斯高校的教育交流与合作，目前学校已与俄罗斯圣光机大学、赫尔岑国立师范大学、彼尔姆国立人文师范大学、普斯科夫国立大学 4 所学校签署校际友好合作协议，截至目前已有 10 名师生赴赫尔岑国立师范大学留学。改为具体日期又与列宾美术学院举行线上视频交流会议，商讨引进线上教学资源，青年教师学历提升以及引进俄方教授来校讲学等项目。同时计划依托美术学院产品设计专业与普斯科夫大学申请设立中外合作办学项目。

山东职业学院

山东职业学院与俄罗斯乌拉尔国立交通大学联合举办山东省首个职业教育中外合作办学机构——山东职业学院乌拉尔国际轨道交通学院，已经省政府审批、教育部备案，为独立设置的非法人办学机构，实施高等专科层次学历教育。机构开设铁道工程技术、铁道供电技术和铁道信号自动控制三个专业。机构引进俄罗斯先进教育理念，融合中俄两校最优质教育教学资源，立足国际教育前沿，汇集双方先进力量，由中俄两校高水平师资共同授课，提高人才培养质量，服务我省经济发展。

滨州职业学院

滨州职业学院服务中国企业走出去战略，对接交融，立体合作，不断引进和利用职业教育发达国家优质教育资源，持续提升学院国际交流与合作水平。

（1）招收国际学生，与企业联合制定人才培养计划。2020年学校招收俄罗斯学生两名，学习学前教育专业相关课程。并与安吉儿幼儿园联合制定了人才培养计划。

（2）开设大学俄语课程。为加强语言培训，学校开设大学俄语课程，满足了部分俄语考生的需求。由专任教师带队连续两年参加"相约上合"俄语大赛，并取得优异成绩。

潍坊工程职业学院

潍坊工程职业学院是国办全日制普通高等专科学校，起源于1881年英国基督教会创办的培真书院，1978年开始开设高等专科教育，1998年开设高职教育，2010年改制为潍坊工程职业学院，是一所具有45年专科办学历史和25年高职教育办学经验、特色鲜明的国办全日制普通高等专科学校。建校至今已培养专科层次人才8万余人，培训社会各类人才累计20万人次，培养数量居潍坊市各高职院校之首。学校是山东省技能型人才培养特色名校、山东省优质高等职业院校建设工程立项建设单位、山东省29所设单招试点的高职院校之一、山东省高职高专院校人才培养工作水平评估优秀院校、山东省现代学徒制试点院校、山东省高等学校教学管理先进集体、山东省普通高等学校毕业生就业工作先进集体、山东省教育招生考试工作先进集体、山东省高校思想政治教育工作先进集体、潍坊市文明校园、科教兴潍先进单位。

学校精准对接山东省新旧动能转换十强产业，全面实施专业升级改造工程，减少专业大类覆盖面，突出工程类、优化文管类、提升教育类，形成了以工程类专业为核心，适应区域产业分布形态的专业结构。开设"3+2"对口贯通分段培养本科试点专业2个，普通高职专业50个，拥有中央财政支持提升服务产业发展能力重点建设专业2个、省级现代学徒制试点专业4个、省级品牌专业群2个、省级特色专业7个、省级技能型特色名校重点专业10个、市级特色品牌（重点）

专业 15 个和定向培养士官专业 4 个。3 个专业被推荐为国家骨干专业、3 个专业获批首批国家 1+X 职业技能等级证书制度试点专业。2 个专业群实训基地被认定为国家级生产性实训基地。建成省级精品资源共享课程 18 门、省级精品（特色）课程 53 门、校企合作开发课程 199 门。承担省级及以上教学改革项目 28 项，完成院级教学改革项目 78 项。获得职业教育国家级教学成果二等奖 1 项，省级教学成果特等奖 1 项、一等奖 4 项、二等奖 9 项、三等奖 3 项。

学校大力实施"国际化"办学战略，坚持开门开放办学，不断开拓对外交流与合作渠道，通过"走出去，请进来"等方式，培养具有国际视野、家国情怀的高端技术技能人才。目前已与美国、英国、德国、澳大利亚、新西兰、韩国、日本、马来西亚、新加坡、菲律宾、荷兰、越南、泰国、白俄罗斯等 20 个国家和地区的 50 余所高校在校际专业合作、学生联合培养、师资培训、中外合作办学项目及学生专升本升硕等方面开展合作。目前学院已拥有 3 个中外合作办学项目。先后派出 142 名学生赴国（境）外留学研修、实习就业，138 名教师出国（境）学习交流，聘请 26 名外籍教师和 3 名台湾专家来院任教，其中 1 名获山东省文教专家教学奖。2019 年 9 月起学校招收国际学生，目前有来自韩国、菲律宾、孟加拉国、斯里兰卡、尼泊尔、乌兹别克斯坦、塔吉克斯坦等多个国家的 50 余名国际学生和 100 余名海外友好院校师生来校交流学习，2020 年起开设国际汉语在线教育课程。与世界 500 强企业美国卡特彼勒有限公司在我院建成亚太地区最大的实训中心，主要为亚太地区员工、代理商和供应商员工开展培训。"国际化视野高端技能型人才培养模式的探索与实践"合作育人成果被评为国家教学成果二等奖。2018 年与乌兹别克斯坦丝绸工业部合作共建"中乌合作现代农业技术培训基地"，主要开展桑蚕养殖技术、现代农业及设施、花卉盆栽技术等培训。

青岛滨海学院

青岛滨海学院与俄罗斯多所高校都有合作关系，包括圣彼得堡国立大学、西伯利亚国立交通大学、符拉迪沃斯托克国立经济与服务大学、太平洋国立大学等，双方以合作办学、交换教师、互派学生、夏冬令营等形式进行合作。其中，学校与俄罗斯圣彼得堡国立大学自 2006 年 10 月建立国际合作关系，目前通过两校间互派学生项目来校学习汉语言专业学生在每年 8 人左右，派往该校学生人数在每年 2 到 3 人。

另外，学校与俄罗斯西伯利亚国立交通大学自 2009 年 5 月签订合作协议，双方以经济学专业学生 2+2 项目为重点，于 2016 年秋季开始了首批学生进行互换学习。项目自 2013 年签署以来，青岛滨海学院共选派了 8 批 112 名学生入读，已经有 88 名学生前往西伯利亚国立交通大学学习，其余学生还在青岛滨海学院学习；接收了 6 批 82 名西伯利亚国立交通大学学生，目前共有 4 届 94 名中俄毕业生。赴俄学生毕业后，许多学生选择在西伯利亚国立交通大学、莫斯科国立大学、圣彼得堡国立大学等世界一流大学继续读研深造，考研率达 56.8%。毕业生大多进入河南国立集团、安丘华润、深圳浦发银行等大型企业，从事中俄贸易、金融、文化传媒等方向工作。34 名俄罗斯毕业生中有 19 名学生选择留在中国继续深造或工作。2016 级学生鲁斯兰更是荣获第十七届"汉语桥"世界大学生中文比赛总冠军，目前就读于中央财经大学。2021 年 9 月，学校 17 名学生搭乘航班赴该校参加线下课堂学习。

除此之外，学校还为赴外班学生进行俄罗斯高校预科班联系工作，确保赴外班学生赴俄留学工作的稳定运行。

山东劳动职业技术学院

山东劳动职业技术学院与俄罗斯合作基础良好，目前已与多所院校和组织建立联系，并开展多样化的合作项目。学校与俄罗斯阿穆尔共青城国立大学建立合作关系，签订合作备忘录，就合作办学、学生留（游）学、教师互访、专业共建等方面达成合作共识。近年来，学校对俄合作继续深入发展，合作内涵不断丰富。学校多次组织教师参加俄罗斯各类技术技能国际培训和研讨会，开展技术交流。学校与俄罗斯哈巴罗夫斯克地区教育发展中心签订合作协议，应邀选派世界技能大赛机械设计 CAD 项目国家级教练面向俄罗斯哈巴罗夫斯克地区职业学校、中小学教师进行开展"CAD 机械创新能力"线上培训，受到俄方的高度认可和赞扬。近年来，学校与俄罗斯莫斯科国立通讯与信息技术大学建立联系。未来，学院愿与俄罗斯继续扩大合作规模，不断深化合作内涵，实现共同发展。

山东畜牧兽医职业学院

山东畜牧兽医职业学院于 2015 年与俄罗斯沃罗涅日国立农业大学签订友好合作协议，联合开展师生交流、教师培训、科研合作等。协议签订以来，两校关系密切，合作平稳有序。

1. 教师互访

2015 年，俄罗斯沃罗涅日国立农业大学副校长尤里访问山东畜牧兽医职业学院，达成师生交流、学生培养等合作意向。2016 年学校党委书记曲国庆一行 4 人赴俄方交流访问，推动校际合作项目开展。2017 年以来，两校 4 名专业教师到对方院校进行专业研修、企业参访、文化交流等，举办多次线上交流合作会议。两校累计开展线上线下教师双向交流 23 人次。

2. 学生交流

2017 年至 2019 年，两校选派学生到对方院校开展为期 10 天左右的动物医学、食品等专业学习 27 人次，进行专业研修、企业实习、青年交流等。2021 年两校组织 2 次线上学生交流 95 人次。两校累计开展线上线下学生交流 122 人次。

3. 科研合作情况

2019 年两校签订科研合作协议，联合开展动物流行病等研究。两校教师积极分享畜牧兽医、动物医学专业书籍、网络课程等教育教学资源，举办专业讲座，进行专业建设。

山东商务职业学院

山东商务职业学院为提高学校国际化办学质量，加大国际交流与合作力度，学校主要领导一行于 2017 年 7 月 23 日至 7 月 27 日，赴俄罗斯顿河国立技术大学及罗斯托夫国立大学进行学习考察，并洽谈合作办学相关事项。通过与俄方高校领导座谈交流、实地参观等形式对所访学校进行了全面了解，学校与俄罗斯顿河国立技术大学现场签订两校姊妹校框架战略合作协议，双方积极利用中俄两国双方优质教育资源，发挥两校优势，培养优秀人才，截至目前，该校已有 12 名学生赴俄罗斯顿河国立技术大学进行学历深造。

附三　山东与俄罗斯中学交流与合作情况简介

济南市外国语学校

济南市外国语学校于2010年与俄罗斯下诺夫哥罗德第67中学建立友好学校，至今多次进行师生互访交流、互派教师任教及教学资源交流共享，至今已有100余名师生参加教育主题交流。2021年3月24日，济南七中等7所学校共14人通过线上或现场的方式参加了由中俄（山东）教育国际合作联盟主办的山东—俄罗斯艺术院校交流会。通过此次交流会议，我市学校表示愿尽快与俄罗斯艺术学院以及俄罗斯各地中小学校建立友好合作交流学校，开展多样化的教育教学交流与合作，如建立网上课程交流、教育教学资源合作交流；积极整合教学资源，开展跨文化课程、艺术课程和以项目为基础的合作教学；推进中俄传统文化、艺术课程的发展和传承；深入探讨中俄传统文化、艺术课程的交流和传承，加深学校师生对传统文化、艺术课程的重视。希望能够进一步加深中俄友谊，开展师生间多种形式的跨文化互访交流，搭建两国师生相互交流和学习的平台。

山东省潍坊第一中学

1. 学校基本情况

山东省潍坊第一中学创建于1913年，是一所高标准的寄宿制现代化普通高级中学。前身为潍阳书院，曾经培养了曹鸿勋和王寿彭两位状元，留有"一胡同、两状元"佳话。1952年更为现名。学校占地1259亩，建筑面积22万平方米，绿化覆盖率超过70%，是一所森林中的花园学校。现有在校学生4539人、教职工521人。

潍坊一中是全国文明校园、全国教育系统先进集体，曾荣获全国德育工作先进单位、全国教育科研先进单位、全国五四红旗团委等逾百个省级以上荣誉称号。

学校坚持崇善、求真、尚美的价值追求，致力于创办适合每一名学生健康成长的教育，努力为国家培养具有家国情怀与国际视野、全面发展又特长明显的卓越人才。

学校从 2018 年开始，大力实施新高考改革，逐步建立起基于学生选择的选课走班、分层教学育人模式。新高考"六选三"20 种组合全部开设供学生自主选择。行政班和教学班复合存在。行政班施行小班化管理，每班 25～30 人；教学班分层设置，每班 40 人左右。艺体、劳动、社团等课程也全部实行走班上课。

新的育人模式下，学校育人生态已经发生了系统性地改变，育人效果已经充分显现，已经成为学校持续健康发展的核心竞争力。"新高考背景下普通高中普适性分层分类选课走班教学模式的研究与实践"课题被教育部确定为 2019 年全国"十三五"教育科学规划重点课题，是该项目全国唯一立项课题。

多年来，学校一直高度重视国际化办学。学校先后与美国康狄涅格州布兰福德中学、英国苏格兰克里夫中学、法国雷恩皮埃尔·孟德斯高中、加拿大埃德蒙顿伊丽莎白女王高中等国外学校结为友好学校。目前，学校开设了中加课程班、中美课程班。为满足学生第二外语学习需要，开设了法语、西班牙语、朝鲜语、日语、俄语。为学生提供英语、日语、俄语作为高考语种的选择。学校每年有 100 名左右的学生到美国、加拿大、澳大利亚、英国、新加坡、法国、德国、日本等国家留学。学校先后被确定为加拿大多伦多大学、美国加州大学、法国雷恩第一大的优秀生源基地和新加坡奖学金项目学校，校友遍布世界各地。

2019 年，教育部陈宝生部长到学校调研，称赞"这所学校办得好！"

2. 与俄罗斯交流合作开展情况

2020 年 8 月成为"中俄（山东）教育国际合作联盟"会员单位。2021 年 4 月参加中俄艺术院校交流会。2021 年 4 月学校开设俄语为第二外语。

3. 合作内容和形式

师生互访；短期师生交流；基于项目的学习。双方学生选定共同的课题为项目，分别展开研究，通过访问或者线上进行展示、研讨。STEM 领域学术比赛。教育主管部门或者相关协会牵头组织双方学生参加的数学、机器人、科学探究等领域的学术比赛。艺术展示与交流。进行音乐、绘画等艺术交流。筹备在新高一开设俄语为高考语种。

潍坊寒亭一中

为提高学生的国际视野，培养国际型人才，同时也解决部分学生英语偏科问题，自2016年开始，潍坊市寒亭一中开设小语种课程，每个年级4个小语种教学班，目前全校共12个日语教学班，600多名学生在学习小语种课程。2021年计划开设俄语课程。

师资情况：正式编制日语老师3名，俄语老师1名，日语代课老师3名。

与俄罗斯交流合作情况：

2017年，邀请俄罗斯教育代表团来校交流、参观、访问。

2018年，学校有12名同学报考俄罗斯名校，多人获得公费留学资格。

2020年，学校参加中俄教育交流线上研讨会。

近年来，学校每年都有多名同学报考俄罗斯大学，累计近30人赴俄罗斯留学。

第四章

山东与俄罗斯文化教育交流"故事篇"

第一节　山东与俄罗斯文化交流典型案例

典型案例一　梁·拉莉萨：用音乐滋养中俄文化土壤

中俄文化交流源远流长。早在 17 世纪中叶，俄国就派遣留学生来华学习中国语言文化。多年来，两国文化使者为增进中俄友好付出了大量心血。如今，在山东济南，就有一位来自俄罗斯，并扎根中国 10 年的"文化使者"——梁·拉莉萨（Lyan Larisa）。作为俄罗斯的高级钢琴教师，拉莉萨最大的愿望就是将俄罗斯最新的教学成果引进中国，将中国的音乐艺术介绍出去。

一、与音乐结缘

拉莉萨今年（按：2021 年）65 岁，自儿时起，钢琴就一直伴随着她。"回头看看过去的岁月，不管是学生时代，还是长大之后的工作生活，一辈子就围绕钢琴，干了这一件事情，想想也是很好的。"拉莉萨颇有感触地说。

拉莉萨出生于俄罗斯莫斯科州东部的一个小城市——埃列克特罗斯塔利。这座城市以两个巨大的工厂而闻名，因此城市也是以这两个工厂命名，意为"电钢城"。拉莉萨的父亲是一名化学家，但对音乐的热爱丝毫不亚于化学科学研究。因此，在拉莉萨的音乐启智方面，父亲付出了极大的热情。"我记得父亲当年花了很大一笔钱为我买了第一架钢琴，那是我们家的第一笔大额支出。"拉莉萨回忆道。

拉莉萨从小就在音乐上展现出独特的天赋，5 岁在当地的文化宫里开始了第一节钢琴课，8 岁考上儿童音乐学校，开始系统地学习钢琴。音乐学校按部就班的教学模式无法满足拉莉萨对音乐的求知欲望，甚至令她感到厌倦。直到考入音乐学院前，她遇到了瓦莲季娜老师，并跟她上了一年的课程。"瓦莲季娜老师让我知道了如何培养有天赋的孩子，针对他们的能力施教，这使我终身受益。"

二、在中国的十年

拉莉萨虽然在俄罗斯出生和长大，但他的祖辈都是亚洲人，因为战争的原因，他们来到俄罗斯生活。拉莉萨从小就喜欢哲学，喜欢儒家文化，也看了很多相关的书籍。"我一直对中国非常感兴趣。来中国工作之前，我就曾经去过北京和上海，这是两个比较有代表性的城市。北京好像俄罗斯的圣彼得堡，传统包容，而上海就像莫斯科，更加现代和开放。"拉莉萨说道，"我还拜访了世界著名的教育家、思想家孔子的故乡——山东曲阜，那里古老的宫殿，参天的松柏，还有带着崇敬的心情参观的人群，都让我非常感动。

2011年，经朋友介绍，拉莉萨来到山东济南，担任小白桦艺术培训学校教学校长、钢琴教师。来中国之前，拉莉萨在俄罗斯莫斯科斯维里多夫音乐学校担任校长，事业成功，家庭和睦，即将可以享受悠闲的退休生活。但她却义无反顾来到陌生的国度，重新开启自己的一份事业。"我本身对中国很感兴趣，但对这个国家的了解只是停留在表面上，要想深入了解一个国家，就要真正体验当地的生活，所以我就来了。我也想给中国的钢琴教学带来一些新的东西，结合中国孩子的特点，结合我在俄罗斯30多年的教学经验，找到一种适合中国孩子的教学方式。"拉莉萨说道。

10年过去了，拉莉萨先后教过467名中国学生，其中很多学生是远道慕名而来。她在教学中注重培养学生对音乐的理解和兴趣的提高，为喜爱钢琴的孩子打开了一扇通往世界艺术道路的大门。至今，已有14名经她指导的中国学生先后考入了莫斯科国立柴可夫斯基音乐学院及其所属的音乐中学，或者在美国、澳大利亚等世界顶级的音乐学府深造。如今，拉莉萨的女儿也来到济南，在小白桦艺术培训学校担任小提琴教师。

三、音乐与心灵的碰撞

音乐是一把开启人类智慧的钥匙。在俄罗斯，孩子从小走进专业的音乐学校系统地学习音乐。而过去在中国，对音乐或者乐器的学习，还停留在家庭培养阶段，并没有完全普及。谈到过去对中国孩子学习钢琴的印象，拉莉萨说道："很多中国孩子学习钢琴很小就达到了10级水平。在俄罗斯，一般到中学才会慢慢接触类似的曲目。通过一些国际比赛，能感觉到中国孩子练琴是非常刻苦的，这可以从他们的技巧性演奏中看出来，手指跑动非常灵活，但是缺乏音乐性的表达。"

正因如此，拉莉萨希望将更多俄罗斯音乐教育的理念带到中国。她说："音乐是为表达情感服务的，而对情感最有力度的表达方式是曲子连奏、歌唱性的表达，弹好歌唱性部分，掌握好歌唱性触键方法，弹出声音集中、连贯美妙的音色是学生普遍面临的难题。以前中国学生的演奏常常忽略这部分。

在平日的教学中，拉莉萨常常给孩子讲很多音乐大师在作曲时遇到的事情，让孩子们感受音乐与心灵的碰撞。"我能明显感觉到，现在中国的钢琴教育也在不断变化。近几年通过中国孩子在国际国内比赛中的演奏，可以看出，中国的钢琴教育也开始重视音乐性的表达。同时，现在中国的家长让孩子学习钢琴，也不单单是为了考级，而是更注重引导孩子感受音乐。"拉莉萨说道。

四、心系中俄文化交流

2013 年，在拉莉萨的提议下，济南市小白桦艺术培训学校发起和成立了中俄艺术学校联谊会，将俄罗斯最新的教学成果引进济南，将中国的音乐艺术介绍出去。

随后几年，拉莉萨带领中国的孩子们到俄罗斯的音乐学校进行音乐联谊活动，两个国家的孩子们虽然说着不同的语言，却能共同感受到音乐带来的快乐和美好。联谊活动在俄罗斯莫斯科、巴拉希、彼得罗沃斯克、坦波夫等城市产生了非常好的社会反响，莫斯科国家电视台、地方电视台和报业媒体都进行了报道。正如前中国驻俄罗斯大使李辉所说："未来，人文交流合作要更多面向广大民众。着力扩大受众面，不断增进合作的热度和力度，筑牢人文交流的根基。"拉莉萨正是向着这个方向努力，为中俄文化交流作出自己的贡献。2019 年，拉莉萨荣获济南市"泉城友谊奖"。

2012 年 1 月，新冠肺炎疫情暴发后，拉莉萨依然坚持留在中国。她开展线上公益讲座和公益视频课，举办线上音乐会和线上小乐团，调动孩子们的积极性。和拉莉萨一起工作的同事们谈起她对孩子们的感情时说道，"拉莉萨老师过去每次回俄罗斯，肯定不会超过两个礼拜，就因为想中国的孩子们而赶回来。疫情刚开始的时候，她的丈夫也劝她回到俄罗斯，但是拉莉萨老师总会说，这里有我的事业，我的孩子们，我要对他们负责。"

五、扎根在山东

在山东的教学经历，让拉莉萨感受到这里的孩子天生音准就比欧洲的孩子要好，自有天赋，注重音乐感，再加上刻苦的学习精神，最终都取得了好的效果。"我的追求，就是把俄罗斯优秀的艺术教育理念移植到中国这块肥沃的土地上，看着孩子们一个个成长起来,去世界各地追逐自己的梦想,是我最大的欣慰。"拉丽萨说。

对于济南这座城市,拉莉萨有着很深的感情,"济南有湖,有泉,有山,有众多的公园,还有古老的建筑。这里淳朴、善良的人民几千年以来时刻保护、爱护着这座城市。尽管中国城市发展很快,但这里古老和现代相存并立,相映生辉。我最喜欢到济南的泉水公园看清澈的泉水中红色鱼儿自由地游来游去,这让我产生很多音乐的遐想。"

对山东人的评价,拉莉萨更是愿意用最好的语言去形容,"他们善良,时时处处为他人着想,对待我像自己的亲人。我们常常交流中国和俄罗斯不同的思维方式与文化差异。通过这样的交流,拉近了彼此的距离。"

六、热爱中国文化

拉莉萨非常喜欢喝茶,"记得小时候我住在乌兹别克斯坦,那里非常炎热。有一天,妈妈叫我一起喝茶,我很纳闷儿,为什么天气热还要喝热茶?但喝了之后,竟然感觉凉快了很多,妈妈告诉我,那是中国的绿茶。"这使拉莉萨对茶产生了强烈的好奇心,来到中国之后,他决定学习神农尝百草的精神,探索中国的茶文化。可真正实施这个想法时,她才发现中国茶文化的博大。中国茶不可胜数,南方北方、红绿白黑、老茶新茶、生茶熟茶,让她感觉自己接触的不过九牛一毛。如今,拉莉萨练就了一身硬功夫,通过观其形、闻其味、尝其香,便可分辨出茶的种类和产地。

在济南,拉莉萨喜欢逛市场,淘既便宜又适合自己的物品,乐此不疲。同事们也经常带她去品尝当地的各种美食。相对俄罗斯饮食的单调,中国美食不可胜数,并且还在不断创造出新品,这让拉莉萨感到既稀奇又惊喜。有一次,朋友带拉莉萨去济南南部山区游玩,中午吃饭的时候,餐桌上的几盘昆虫,让她大惊失色。借助翻译词典,拉莉萨知道这些是蝗虫、蝉,还有蚕蛹。朋友们说这些很有营养,但她却始终没敢下筷,最终让厨师帮忙包起几个,准备带回俄罗斯,让朋友们见识一下。"我最喜欢吃面,国外的意大利面条基本是炒的做法,不像中国的面条,有许多配料,还有各种汤料,非常好吃。"拉莉萨说。

"孔子有一句格言我非常喜欢,叫作'欲速则不达'。重要的不是你达成目标的速度有多快,而是不能停下前进的脚步。"拉莉萨说,"我没有什么雄心大志,一辈子都在做教师。在身体条件允许的情况下,我愿意在中国、在济南,用这十几年融合的中俄音乐教育的经验培养出更多优秀的国际音乐人才。"

——摘自杨晓璐：《梁·拉莉萨：用音乐滋养中俄文化土壤》，《走向世界》2022年第1期，第52-55页。

典型案例二　山东文化部门与俄罗斯开展文化交流与合作成果斐然

中俄两国在文化合作特别是出版合作方面有着非常广阔的空间，而作为一家在中国国内具有较强经济实力、影响力和美誉度的大型文化出版企业，在图书出版、发行营销、国际合作、融合发展等方面都居于国内领先地位的山东出版集团，即山东出版传媒股份有限公司及所属有关出版单位，利用每年的北京国际图书博览会和莫斯科国际书展之契机，组织所属各出版单位携带适合的图书参展，同俄方出版机构洽谈合作。

一、山东出版集团图书版贸会走进俄罗斯

2017年8月19日至21日，由山东出版集团主办的中国·山东"一带一路"图书版权贸易洽谈会上，搭建了促进山东与其他国家出版业合作交流的共享共赢平台，其中俄罗斯道统东方文学出版社、尚斯国际出版集团等3家俄罗斯出版机构参展，并达成了一些版权合作，自此展开了密切的交流与合作。

2019年是新中国成立70周年，也是中俄建交70周年。为了纪念这一历史性时刻并进一步促进双方的文化艺术交流与发展，山东出版集团组织旗下10家出版机构和1家发行机构，由党委书记、董事长张志华带队，于2019年9月3日至9日参加第32届莫斯科国际书展，举办了"一带一路"图书版权贸易洽谈会走进俄罗斯及相关文化艺术活动。

总之，山东出版集团积极参与莫斯科国际书展之际，大力开展版权贸易、文化系列活动，与俄罗斯的出版界和文化界开展了不同层次的特色鲜明的交流与合作，成果斐然。

二、第32届莫斯科国际书展掀起了齐鲁图书文化热潮

第32届莫斯科国际书展于当地时间2019年9月4日在莫斯科全俄国际展览中心开幕，阿联酋第三大酋长国沙迦是本届书展主宾国。2019年，为配合我国外

交大局,以中俄建交70周年为契机,来自中国的近30家出版单位的54位出版代表参展。开幕首日,山东出版集团在中国展区表现抢眼,参展图书备受瞩目,密集的活动精彩纷呈,嘉宾发言热情洋溢,莫斯科书展上掀起了齐鲁文化热潮。中宣部相关部门同志,山东出版集团党委书记、董事长张志华,山东出版传媒股份有限公司常务副总经理陈刚,山东新华书店集团总经理彭忠喜及各出版社负责人等出席活动。

(一)山东出版集团所属六家出版社与尚斯国际出版集团签约

尚斯国际出版集团作为一家在俄语区国家传播中国主题图书和中国主题文化的出版类企业,具有较强的品牌知名度和影响力。山东出版集团所属山东科技社、齐鲁书社、山东文艺社、山东教育社、明天社、山东友谊社6家出版社与尚斯国际出版集团从2017年合作至今,已经达成版权贸易20多项,其中有6个项目入选了丝路书香工程、中国图书对外推广计划。2019年9月4日在莫斯科国际书展现场,山东出版集团6家出版社与尚斯国际出版集团举行了新书发布及版权签约系列活动,包括山东科学技术出版社《从头到脚话推拿》俄语版新书发布会及《哇!大熊猫》俄语版签约仪式,齐鲁书社《兵家名言》汉俄对照版新书发布会,山东文艺出版社《娘》俄语版新书发布会,山东教育出版社《两弹一星工程与大科学》俄语版版权输出签约仪式,山东友谊出版社《论语诠解》俄文版《新中国基础教育70年大事记》发布推广暨《论语精华》俄汉版签约,明天出版社"有趣的中国历史"系列(10种)俄语版版权输出签约仪式,成果丰硕。

1.《从头到脚话推拿》俄语版新书发布及《哇!大熊猫》俄语版签约

山东出版传媒股份有限公司出版部主任丁莉主持签约仪式。在山东科学技术出版社《从头到脚话推拿》俄语版新书发布会及《哇!大熊猫》俄语版签约仪式上,山东科学技术出版社社长赵猛介绍,此次参展,山东科学技术出版社精选了优秀原创精品图书100余种进行展示,其中包括已出版多语种版本的中医图书《从头到脚话推拿》《指尖上的儿科医生》,以及童书《家门外的自然课》《哇!大熊猫》《爱的甲壳虫》《小小昆虫记》。2019年初,尚斯国际出版集团与山东科学技术出版社达成了畅销书《从头到脚话推拿》一书俄语版的合作协议。这本书由中国"非遗"保护项目程氏针灸传承人程凯、陶冶创作,体现了中国传统中医的精粹和实用,已经授权了阿拉伯语、越南语、繁体中文、印尼语、乌兹别克语、马来语、英语等版本,受到了出版社和读者的好评,获得了五项"丝路书香工程"重点翻译资助以及两项"齐鲁文化典籍"翻译资助,并入选国家改革发展项目库。近几年,"走出去"工作一直是山东科学技术出版社的工作重点。山东科学技术出版社着重深度挖掘现有优势资源,强化"走出去"工作思路,深化调整选题策略,根据以往的"走出去"亮点和成绩,调整了"走出去"的版贸策略,从优势板块——中医图书入手,以点带面,以中医图书的输出带动整个出版社"走出去",这一策略效果显著,在2017年至今的版贸工作中,借助各国际书展和山东出版集团"一带一路"版权贸易平台,山东科学技术出版社输出了60余种图书的版权,涉及10种外语语种,中医图书、少儿图书受到了青睐。

2.《兵家名言》汉俄对照版新书发布

齐鲁书社《兵家名言》(汉俄对照版)新书发布会上,齐鲁书社总编辑傅光中谈到,中俄两国山水相连,是好邻居、好伙伴、好朋友。中俄两国人民曾并肩战斗,共同抗击日本法西斯的侵略,用鲜血和生命凝结成坚不可摧的战斗友谊。而今,两国经济文化交流频繁,相互支持,体现了深情厚谊。此次举行浓缩着中国古代兵家文化精髓与精华的《兵家名言》(汉俄对照版)新书发布会,具有重要的历史意义和现实意义。尚斯国际出版集团是俄罗斯三大中国主题图书出版社之一,在俄罗斯有着重要的影响力。齐鲁书社版《兵家名言》,集聚了中国历史上八十余种兵家经典,共三百多条富含哲理的"妙言警语",短小凝练,思想深刻,读之让人回味无穷。山东出版集团是山东省规模最大的大型国有文化企业,集团旗下的齐鲁书社是以出版中华优秀传统文化图书为主的高水准专业出版社,在读者中享有良好口碑,至今已连续六次进入"中国图书海外馆藏影响力出版100强"。齐鲁书社出版的《孔子家语通解》,是被中国国家主席习近平提出"要仔细看看"的书,迄今发售近20万册。齐鲁书社出版的多部中华优秀传统文化图书也输出了阿语、韩语、哈语等多个语种。借莫斯科国际书展,齐鲁书社将带来的部分参展精品图书一并捐赠给尚斯国际出版集团。以此为契机,双方继续加强合作,共同为两国的文化交流和出版事业作出贡献。

(二)俄罗斯道统东方文学出版社引进山东人民出版社"贾平凹中短篇小说年编"系列

山东人民出版社举办贾平凹作品集俄文版新书发布会,拉开了山东出版集团系列活动的序幕。俄方出版社全权授权代表、中央编译局俄文处外籍专家米古诺娃·奥莉佳(中文名凤玲)主持发布会。俄罗斯圣彼得堡孔子东方语言文化学院孔子课堂校长韩丹星发表了情真意切的演讲。

据山东人民出版社社长胡长青介绍,贾平凹从1978年前后开始发表中短篇小说，活跃于中国文学舞台。他笔下的"商州"是当代中国的真实写照。他的作品深刻反映了中国的发展。贾平凹是当代中国最优秀的文学作家之一，享誉海内外。俄罗斯道统东方文学出版社引进山东人民出版社的贾平凹中短篇小说集《冰炭》《晚唱》，既是对山东人民出版社作品、贾平凹文学贡献的肯定，也为中国文学作品走进俄罗斯，为中俄文学交流架起沟通的纽带与桥梁，对中俄文明交流互鉴作出贡献。感谢凤玲女士及道统东方文学出版社为之付出的努力。

自 2015 年，山东人民出版社与俄罗斯道统东方文学出版社保持良好合作关系，通过凤玲的牵线搭桥，山东人民出版社出版的"贾平凹中短篇小说年编"系列《冰炭》《晚唱》顺利输出俄罗斯，俄语版《冰炭》入选 2016 年中宣部、新闻出版广电总局对外出版项目。

由于道统东方文学出版社定位于专业东方学研究出版基地，山东人民出版社遴选社内出版的精品图书，定期、定向向俄罗斯出版社推荐精品图书。值得一提的是，莫斯科国际书展期间，凤玲陪同俄罗斯联邦驻华大使安德烈·杰尼索夫先生参观山东出版集团展位，山东人民出版社向其赠送俄文版《冰炭》《晚唱》。

（三）大型史诗画册《中国》中俄双语版新书发布

大型史诗画册《中国》中俄双语版新书发布会暨"在这里，看见中国"主题图片展成为开幕首日的焦点。中国美术学院副院长高世名，山东出版集团党委书记、董事长张志华等嘉宾分别致辞。

据山东画报出版社社长李文波介绍，1959 年版《中国》是举全国之力打造的一部史诗级的作品，《中国》一书表达了中国共产党人的历史观与价值观，承载着传播中国文化的历史使命，其历史影响力远远超过艺术与文化领域。2019 年版的大型画册《中国》，其开本和版式均仿照 1959 年版《中国》，但在内容、体例上力争更为全面、生动，以摄影和图像文献为载体展现中国共产党建党与新中国成立的重大事件，也是以艺术作品的感性力量呈现出中国共产党的发展历程、精神气质和实践经验。2019 年版《中国》由山东画报出版社和中国美术学院共同策划出版，通过爬梳新中国成立以来的摄影作品，精选出了两百余位摄影名家的近 500 幅精彩作品，其主要分为三个方面：第一，展现了新中国重大历史时刻的图片；第二，祖国大好河山壮美景象的典藏图片；第三，记录广大普通中国老百姓的生活变迁和中国 70 年沧桑巨变的纪实摄影图像。该书作为向新中国成立 70 周年的献礼作品，已入选中宣部 2019 年主题出版重点出版物，具有重要的时代意义和历史价值。在新中国成立 70 周年和中俄建交 70 周年之际，这本中俄双语版的《中国》将在众多主题出版物中形成自己极为鲜明的特点，在国内外也必将引起巨大反响。

山东出版集团联合中国美术学院举办庆祝新中国成立70周年作品大型史诗画册《中国》中俄双语版新书发布会暨"在这里，看见中国"主题图片展，由中国美术学院选用优秀的设计团队承担展览的整体设计、制作等工作。展览围绕《中国》一书的30余幅精彩图片，分别从新中国重大历史时刻、百姓生活的精彩瞬间、新时代新成就三个方面进行，重点突出新时代中国特色社会主义建设的新成就，同时也向世界展示中国人民由站起来到富起来再到强起来的那些精彩瞬间。展览吸引了众多俄罗斯读者观赏。正如张志华表示，"展览有利于向世界人民展现中国70年来的经济、政治、文化发展成就，呈现不同时代中国人的精神气质和生活面貌，向海外人士讲好中国故事，传播好中国声音。"

（四）长篇纪实散文《娘》俄语版新书发布

在山东文艺出版社长篇纪实散文《娘》俄语版新书发布会上，山东文艺出版社社长李运才表示，尚斯集团旗下的俄罗斯东方图书出版社与山东文艺出版社相识于2018年北京图书博览会，短短一年时间，双方已建立起默契的伙伴关系和深厚的友谊，已先后达成了《娘》《我的家史》《大孔府》等图书的版权合作协议，此次俄文版《娘》的出版，即是双方合作的一个重要成果。随着这次合作的开始，双方在今后会有更多的合作和成果。《娘》的中文版在中国出版后产生了极大的反响，众多媒体进行了宣传报道，图书销售了上百万册。作者彭学明是中国著名的作家、学者、文学批评家，《娘》作为他的代表作，在中国斩获众多大奖。目前，《娘》这本书已被译介多个语种，除俄文版外，日文版、哈萨克语版、阿拉伯语版等均已出版，英文版也即将在美国面世。这部作品写了娘的婚姻史、屈辱史、苦命史，也写了一个伟大的中国女性的命运抗争史、对儿女的哺育史，展示了中国母亲的坚韧顽强、不屈不挠、博大无私。同时，这本书对孝道、对人伦亲情、对真善美的渴望，对于弥补道德缺失、呼唤情感回归，都有精彩的叙述。《娘》这部作品，从中可以窥见中国传统意义上的孝文化和母子关系。

（五）《两弹一星工程与大科学》俄语版版权输出签约

在山东教育出版社《两弹一星工程与大科学》俄语版版权输出签约仪式上，山东教育出版社总编辑孟旭虹谈到，《两弹一星工程与大科学》一书是该社出版的"中国近现代科学技术史研究丛书"中的一种。丛书共35本，由中国科学院院士、中国工程院院士、中国科学院原院长路甬祥主编，张柏春研究员和王扬宗教授作为项目首席科学家主持研究和撰写，全国百余位科技史专家共同完成，是中国科学院知识创新工程项目的成果，也是中国科技界有规模地对中国近现代科学技术发展历程进行的第一次比较全面、系统、综合的研究。丛书中《苏联技术向中国的转移》（张柏春著）俄文版已经由俄罗斯科学院专家翻译，俄罗斯涅斯托尔出版社出版。此次签约的《两弹一星工程与大科学》一书以中国"两弹一星"工程为案例，深入分析了"两弹一星"的研制历史、国内外影响，以及经验与启示，并将中国的"两弹一星"置于国际大科学发展的背景之下，进行比较研究，得出了一些富有理论和现实意义的结论。"两弹一星"是新中国伟大成就的象征，是中国大科学发展链条上最早，同时也是最重要、最成功的一环。它对中国科学技术发展的示范性作用，对中国武器装备建设的启发性作用，对中国大科学发展的导向性作用，不可低估，也不应该低估。该书出版后，美国斯坦福大学长期跟踪研究中国原子弹历史的薛理泰教授专门在世界著名科学史杂志《爱西斯》（ISIS）撰写评论文章，做了推广介绍。山东教育出版社与尚斯国际出版集团合作的成果还有中国文化丛书中的《中国神话与传说》等图书的出版。

（六）"有趣的中国历史"系列俄文版版权输出签约

明天出版社"走出去"工作再创佳绩。书展首日，明天出版社与尚斯国际出版集团举行了"有趣的中国历史"系列（10种）的俄文版版权输出签约仪式。"有趣的中国历史"系列是一套为世界孩子讲述中国五千年历史的儿童绘本。这套书用生动形象的图画和有趣的故事带孩子走近中国历史，让他们感受中华传统文化源远流长的魅力。

（七）《论语精华》俄汉版发布与签约

在山东友谊出版社《论语诠解》俄文版、《新中国基础教育70年大事记》发布推广暨《论语精华》俄汉版签约活动上，山东友谊出版社总编辑张继红表示，此次发布及签约的图书均是山东友谊出版社介绍中华优秀传统文化的有代表性的优秀图书，对讲好中国故事，推动国外读者全面认识、了解真实的中国，具有重要的意义。《论语诠解》，不仅在中国产生了巨大影响，而且走向了世界，走进了世界民众的阅读视野。《新中国基础教育70年大事记》是向新中国成立70年致敬的图书。它的出版，可以让越来越多的朋友们了解中国的基础教育。张继红特别感谢外方出版社为图书出版所付出的巨大努力。希望通过这一合作，山东出版能够学习借鉴海外出版社的经验，进一步促进中外出版界的交流。

活动现场山东友谊出版社与尚斯国际出版集团签署《论语精华》俄汉双语版

版权协议。《论语精华》是《论语诠解》的最新选本，已出版英汉版、法汉版、阿英版、尼英版等，受到世界不同语言国家读者的欢迎。下一步，山东友谊出版社将多出精品好书，做大、做强图书"走出去"品牌，全力做好图书版贸工作，让海外读者通过阅读图书认识中国、了解中国，为促进中外文明交流互鉴贡献力量。

（八）《红莓花儿开：相簿里的家国情缘》新书发布会暨俄文版签约见证中俄友谊

70年是里程碑，也是新起点。中俄70年的交往是双边关系历史中的宝贵财富，中俄关系是睦邻友好的楷模也是大国协作的典范。山东画报出版社策划推出了《红莓花儿开：相簿里的家国情缘》一书，于9月4日下午在莫斯科俄中友协报告厅举行新书发布会和俄文版签约仪式，现场高朋满座。山东出版集团党委书记、董事长张志华致辞。活动由山东出版集团、俄中友好协会共同主办。

该书作者、著名翻译家李英男是中国共产党早期领导人李立三和夫人李莎的长女，2019年6月，获得"中俄互评人文交流领域十大杰出人物"称号。李莎是国际知名人士，曾担任俄中友好协会理事，俄语教育家，为中苏（俄）两国的教育文化交流奉献了毕生心血。中苏恢复友好以来，李英男和母亲作为中俄友好使者，为推动中俄友谊做出了积极的贡献。该书以作者第一人称的视角进行描述，配以鲜为人知的家庭生活和社会活动等一幅幅珍贵生动的老照片，深情讲述一个普通又特殊的中俄家庭波澜起伏的往事，追溯70年来的家国变迁，见证了深刻难忘的中俄情缘，谱写了一段休戚与共的中俄关系史话。

著名作家王蒙先生发来了祝贺视频。他在该书序言里深有感慨地谈道："这本书以口述故事的形式，回顾了一个跨国家庭的日常生活、一个混血孩子的成长过程，描述了家庭范围内从文化碰撞走向文化融合的经历。中俄两国之间的忽冷忽热、由反目转为和好的历史变迁直接影响到千千万万的人、千千万万个家庭，使我们懂得了和睦的价值、友谊的珍贵。她的故事独特而又生动，她的感慨深刻而又诚挚，读之动容，思之唏嘘不已。"

该书获得俄罗斯联邦驻华大使杰尼索夫称赞："本书作者李英男女士是令人尊敬的俄语教授，当代中国的社会活动家，她培育了好几代中国的俄语人才和俄罗斯的汉语人才。从她的出生背景来讲，她是有俄罗斯血统的中国人，是中俄两国人民的女儿。在本书中，她推心置腹地讲述了她如何意识到并认同自己为中国人的故事，这是发自肺腑的最感人的一个篇章。"

目前，山东出版集团旗下各出版社在中俄合作版权输出方面，输出俄罗斯语 15 种，白俄罗斯语 2 种，哈萨克语 3 种，吉尔吉斯语 6 种。

三、中俄建交 70 周年山东与俄罗斯艺术交流及互鉴系列活动

中俄文化交流源远流长，在艺术领域的交流与互鉴有着悠久的历史，为庆祝两国建交 70 周年，两国艺术家欢聚一堂，以互鉴增友情、以交流促发展。2019 年 9 月 6 日，作为山东出版集团"一带一路"版贸会走进俄罗斯重要活动之一——"中俄建交 70 周年艺术交流与互鉴系列文化活动"在有两百年悠久历史的艺术家的摇篮——俄罗斯美术家协会美术馆隆重启幕。

（一）山东与俄罗斯艺术交流及互鉴系列活动开幕式

山东出版集团董事长张志华先生代表主办方致辞，宣布中俄建交 70 周年艺术交流与互鉴系列文化活动开幕。俄罗斯美术家协会主席巴扎诺夫·安德烈·尼古拉耶维奇、列宾美院著名教授瓦西里耶夫、俄罗斯美术家协会副主席阿里克谢维奇等分别致辞。中国驻圣彼得堡领事馆文化领事庄建平先生，俄罗斯美术家协会油画部部长、俄罗斯联邦人民艺术家拉夫连科·巴利斯·米哈伊洛维奇，列宾美术学院素描教研室主任、教授、俄罗斯艺术科学院院士玛阁列夫采夫·弗拉基米尔·亚历山德罗维奇，Art Index 出版社社长费德多夫·尼古拉·尤里耶维奇，俄罗斯美协展览中心主任普拉然洛娃·奥莉格·尼古拉耶夫娜，列宾美术学院预科系主任安德烈·列昂尼多维奇先生等俄罗斯艺术家，以及山东省石刻艺术博物馆副馆长杨爱国等嘉宾出席开幕式。

（二）山东美术出版社与俄罗斯文化交流系列活动

在圣彼得堡俄罗斯美术家协会美术馆，山东美术出版社举办了"中俄建交 70 周年艺术交流与互鉴系列文化活动"，包括山东美术出版社与俄罗斯美术家协会签署战略合作协议，中俄艺术交流高峰论坛，文明的回响——中国石刻精品展（拓片展），《列宾美院精品教程》中文、俄文版首发式，《爱尚美术——山东美术七十年》（俄文版）首发式等。

1. 山东美术出版社与俄罗斯美术家协会战略合作协议签约

俄罗斯美术家协会副主席阿利克谢维奇致辞。与会中俄嘉宾共同出席了山东美术出版社与俄罗斯美术家协会战略合作签约仪式，《列宾美院精品教程》（中俄双语版）首发式，《爱尚美术——山东美术七十年》（俄文版）首发式，中俄艺术家高峰论坛，《文明的回响——中国石刻精品展（拓片展）》开幕式等活动。

俄罗斯美术家协会主席巴扎诺夫·安德烈与山东美术出版社副社长马晓东共同签署战略合作协议。俄罗斯美术家协会是俄罗斯艺术家成长的摇篮；山东美术出版社是国内著名的美术专业出版机构，曾出版大量俄罗斯著名画家和博物馆画集，为中俄文化交流作出过重要贡献。两者合作必将对促进中俄文化交流向纵深发展产生良好影响。

2.《列宾美院精品教程》中俄双语版首发式

此次系列大型活动中举办了《列宾美院精品教程》（中俄双语版）首发式。该教程主编为列宾美术学院素描教研组主任弗·阿·马基列夫采夫，列宾美术学院素描教研组教师团队编写，于2019年由山东美术出版社出版。《列宾美院精品教程》一书为俄罗斯列宾美术学院使用的素描教程，也是现行美术院校教材中的代表性版本。其中内容涵盖素描静物、石膏像、头像、半身像、全身像、室内外风景等，囊括了专业美术学院素描的所有类型。每项课程前面均有资深教师撰写的讲解文章，分析透彻，步骤详细，所配范画均取自列宾美术学院自20世纪上半叶以来历年历届列宾美院师生的经典作品。

3.《爱尚美术——山东美术七十年》（俄文版）首发式

《爱尚美术——山东美术七十年》（俄文版）聚焦山东当代最具代表性和影响力的七位画家，他们在弘扬齐鲁文化、展现时代风貌、探索艺术创新方面辛勤耕耘，创作出大量具有蓬勃生命力、鲜明时代感和深厚社会内涵的精品力作。

出版传媒股份有限公司出版业务部主任丁莉女士致辞。《爱尚美术》杂志是山东出版集团旗下的一本纯艺术类学术刊物，曾在2018年被评为"中国最美期刊"，在国内艺术界享有较高的影响力与美誉度。

4. 中俄艺术交流高峰论坛

中俄两国都是博大精深的文化遗产的继承者，举办艺术交流高峰论坛，旨在新的时代背景下加强和深化中国与俄罗斯的艺术交往。山东省石刻艺术博物馆副馆长杨爱国先生围绕传统文化对人类文明发展产生的深远影响做了发言。俄罗斯著名画家亚姆契科夫先生分享了在绘画、雕塑、艺术史等方面的教学成果与创作经验。山东与俄双方还就共同培养艺术人才、共享艺术资源与平台、艺术作品互展等展开研讨。

山东美术出版社与俄罗斯诸多艺术单位及艺术家个人均有着长期的交流与合作关系。山东美术出版社与列宾美术学院一直存在良好的合作关系。

列宾美术学院是俄罗斯美术教育的最高学府，一所最古老的艺术院校，是世界著名的四大美术学院之一,到现在已经有一个多世纪的历史。俄罗斯列宾美术学院作为世界闻名的艺术学院,在其发展过程中形成了一套成熟、严谨、完整的教学体系。学院的主系是绘画系,绘画系有八个工作室,都是由俄罗斯著名画家主持,培养出许多杰出的油画大师和艺术家。

列宾美术学院的教学成就早已被广泛认可。20世纪五六十年代,我国选派出多批学有所成的青年学子到该院学习、深造。这些深受俄罗斯绘画艺术影响的画家回国后,成为中国画坛和美术教育的中坚力量,发挥了应有的作用。

多年来,山东美术出版社与列宾美术学院通过多次互访,开展艺术家交流等活动,双方之间建立了深厚的友谊。山东美术出版社独具慧眼,多次出版该院艺术家画册,可以从中看出几个世纪以来,该院在教学方面的发展轨迹,了解其独到的教学体系,以及艺术家们的创作精品与独特风格。如该出版社曾出版全山石先生编撰的系列关于俄罗斯的经典绘画的精美图册就是双方深入合作之明证。

全山石,1930年10月出生,浙江宁波人,新中国培养的第一代油画家、中国美术学院资深教授、中国油画学会副主席、俄罗斯普希金奖章获得者、列宾美术学院荣誉教授、乌克兰国家艺术科学院院士。1954年,全山石作为国家公派留学生,赴列宾美术学院学习。归国后回母校中国美术学院任教,曾任该院油画系主任、教务长等职。退休以后,曾长期寓居欧洲,从事油画研究与创作,出版各类著作80余种,其中不乏具有广泛影响力之作。

山东美术出版社与全山石先生合作多年,出版了先生编撰的系列介绍俄罗斯油画之作,为中国艺术家和艺术爱好者接受俄罗斯艺术与文化,以及促进山东大美教育提供了广阔的舞台。

全山石编撰的《俄罗斯绘画系列——静物画》(8开)由山东美术出版社于2006年出版。

油画中的静物,追溯起来,最早多是宗教画、风俗画和肖像画中的背景或点缀。功夫和时间积累到一定程度,画家开始把它放大,移到前景,装饰性增强,寓意性和象征性随之渗入,最后,它悄然而立,成为一个可与风俗、风景、肖像平起平坐的独立题材。许多国家的静物画,都经历了这样一个成长过程。

此本俄罗斯的静物画册精选了19世纪至20世纪俄罗斯油画艺术静物画的经典作品,代表画家有格拉巴利、马什科夫、梅尔尼科夫、莫伊谢延科、亚·瓦·库普林等18位。比较完整地展现了俄罗斯油画艺术的产生、发展与演变的过程,以及各个画家不同的艺术特色,对于我国的油画艺术具有较高的参考和借鉴价值。

全山石编撰的《格里采风景画选》（16 开），由山东美术出版社于 2010 年出版。

画家格里采，1914 年 3 月生于圣彼得堡，这一时间即刻使我们想到画家是在第二次世界大战中成长起来的一代人。格里采从 17 岁开始进入美术学校学习绘画，18 岁至 25 岁在全俄美术研究院学习，有着与今天的艺术学科大学生一样的成长经历。但一离开学院，他就被抛入那个关乎民族生死存亡的铁血洪流之中，1940 年应征入伍，作为军人驻扎在边境，于 1941 年 6 月 22 日苏德战争爆发时投入战斗，直到 1945 年 5 月 9 日战争结束……格里采刚过 31 岁生日。他在自述中写道："在人生的道路上，每个人都伴随着精神上的成长而形成自己的个性。战争中，我饱经沧桑，历尽磨难，耳闻目睹和亲身经历的一切无不在我的心头打上烙印，并在很大程度上决定了我后来的思想观念和人生道路。"格里采在战后开始的艺术人生道路，就是倍加珍惜难得的和平时光，全身心地投入对俄罗斯大自然之美的绘画表现之中。

2011 年，山东美术出版社先后出版了全山石编撰的《俄罗斯列宾美术学院珍藏素描精品选》（大 16 开）和《俄罗斯经典绘画：希什金风景画选》。

列宾美术学院在严格有序地推进教学的同时，收藏了数量众多的该校教师和毕业于该校的学生的各类作品。这些藏品内容丰富、风格各异，由于有严格的收藏程序，故所藏作品（包括课堂习作）都具有较高的欣赏价值。全山石先生从中精选了部分素描精品，形成《俄罗斯列宾美术学院珍藏素描精品选》，由山东美术出版社出版成册，供广大艺术家及绘画爱好者欣赏和临摹。

《俄罗斯经典绘画：希什金风景画选》收录了希什金风景画的代表作。希什金一生从事风景画创作，并主要围绕森林形象进行创作，他又被称为"俄罗斯大森林的肖像画家"。在希什金的作品中，俄罗斯大森林的婀娜多姿与神秘气息，与俄罗斯民族既坚韧不拔又充满浪漫气质的性格相得益彰。他独爱描绘粗犷的橡树和松树，代表性作品是 1883 年以当时一首俄国民歌名字为题的《在寂静的原野上》，刻画了在一望无际原野上一株老橡树孤零零地矗立着，它甘受寂寞，守卫在充满生机的广袤地平线上。1887 年画家又创作了两幅关于橡树题材的作品，《三棵橡树》和《橡树林》，通过对长满青苔的树身细节地描绘，表达了画家对自然的热爱之情。他作品中的松树个性鲜明、各具神采。

5.《文明的回响——中国石刻精品展（拓片展）》开幕式

汉画像石和摩崖刻经，是齐鲁文化中最具代表性的艺术符号。它不但以其高超的艺术水平著称于世，也是古代中国社会生活的再现。它突出地表现出汉代儒家思想在意识形态领域中渗透的事实，因而有着重要的历史意义。被海外赞誉为"国之瑰宝"，备受世界关注。此次展出的汉画像石和摩崖石刻，尤其是山东的济宁与滕州都是汉画像石的重要出土与收藏之地，这里的藏品是山东最具代表性的石刻拓片精品，有着极为珍贵的文化含量。

如武氏墓群石刻位于山东嘉祥县纸坊镇武翟山村北（济宁曲阜机场南1公里处），是东汉桓、灵帝时期（公元147—189年）武氏家族墓地的石砌祠堂建筑群和装饰。武氏祠，是武梁祠和另外两座石室的合称。包括武氏家族墓地神道上石阙1对，石狮1对，汉碑2块，清碑11块，画像石44块，并在此基础上建设了武氏祠汉画像石博物馆。早在北宋欧阳修的《集古录》和赵明诚的《金石录》对之均有记载与研究。武氏墓群石刻的重要特点是生动形象，每幅图画大都有一定故事情节。可以说其石刻画像内容广博，在44块画像石和2座石阙中，如依每石中的一层为一组的话，约略统计为：历代帝王1组，孔子及孔门弟子5组，忠臣义士17组，孝子节妇7组，神灵怪异34组，墓主生活30组，其他4组。武氏墓群石刻以其满布精美石刻画像而闻思想深邃，雕刻精湛，气势宏大而闻名于世；它是汉代石刻艺术的巅峰之作，也是研究中国汉代历史的"百科全书"。联合国教科文组织评价其超过了同时期埃及的金字塔，古希腊的版画，并称"世界三绝"。1961年被国务院公布为全国第一批重点文物保护单位。该墓群石刻拓片亦享誉国内外。滕州也是我国已发现的汉代画像石、石祠、汉阙和汉椁等汉代时期石刻丧葬遗存较多，延续时间最长的地区之一，它起于西汉武帝时期，迄于东汉末年，延续时间300余年，遍布滕州全境。仅在母祖山周边就有大大小小汉墓群十几处，有近千座汉墓，其中石构墓占96%。滕州在汉代石刻艺术精品珍品很多，在国内汉代石刻中亦占有重要的位置。

在此次中国石刻精品展中，武氏墓群和滕州的石刻拓片，以及邹城峄山摩崖刻经拓片均大放光彩，受到俄罗斯艺术家们的称赞。国际友人深切感受到齐鲁文化之美，充分认识山东传统文化的博大精深，该展对山东文化"走出去"意义重大。

四、俄罗斯与齐鲁文化交流会成功举办

2019年12月9日,由俄罗斯孔子文化促进会主办的俄罗斯与齐鲁文化交流会在山东省举办。kapro753中俄物流有限公司董事朱凯、赵亮,义乌市志合物流有限公司董事朱湘等人受邀参加此次交流活动,进行讨论学习。山东作为文化大省,近年来坚持推动"齐鲁文化"走出去。

在交流会上,主持人首先展示了齐鲁文化历程,全面介绍了齐鲁文化发展理念。此次俄罗斯与齐鲁文化促进交流会本着相互信任、互惠互利的原则,通过协商达成一致,从多方面展开合作。kapro753中俄物流有限公司董事朱凯表示:"今天搭建起了俄罗斯与齐鲁文化交流的平台,是双方之间友好合作的基础,为我们了解俄罗斯文化,也为促进齐鲁文化弘扬提供了支持,通过合作将进一步加深双方文化领域的交流学习,促进双方合作交流全面发展。"主办方希望能够借助此次活动促进中华文明、齐鲁文化在更广大地区的传播,通过交流会开启与俄罗斯交流合作的新篇章,积极努力,搭建起与俄罗斯的全方位合作的平台。

五、山东大学全球汉籍合璧工程为助推中俄文化交流作贡献

2019年6月6日,国家主席习近平在圣彼得堡出席接受圣彼得堡国立大学名誉博士学位仪式并致辞,俄罗斯总统普京出席仪式并陪同参观圣彼得堡国立大学对华合作展览。

山东大学"全球汉籍合璧工程"(以下简称"合璧工程")编目合作专家、国际汉学研究中心兼职教授、圣彼得堡国立大学东方系德米特里·马雅斯基(Maiatckii Dmitri)副教授为习近平同志讲解了参展图书。据德米特里副教授后续介绍,对华合作展览的参展图书包括由圣彼得堡国立大学翻译并在俄出版的不同时期的书籍。其中有一本明代傅浚所著的《铁冶志》,该书是公元16世纪初有关金属冶炼方面的珍稀抄本,由一位中国收藏家赠送给该校。该校校长又将该书的复制本作为礼物赠送给了此次前来访问的习近平同志。

《铁冶志》是山东大学"合璧工程"派出的专家在圣彼得堡国立大学发现并遴选出来的。"合璧工程"所发现的古籍珍本能够被圣彼得堡国立大学作为礼物赠送给习近平同志,是对境外汉籍回归事业的极大鼓舞,也是对"合璧工程"在俄所取得成绩的极大肯定。"合璧工程"将继续深化与境外藏书机构的合作与交流,共同开展汉籍复制整理研究工作,为文明交流互鉴作出新贡献。

俄罗斯汉籍的存藏与价值

（一）俄罗斯汉籍存藏概况

俄罗斯作为中国重要的邻邦，通过各种渠道，收藏了数量可观的中文古籍。俄藏中文古籍是世界各国收藏中文古籍的重要组成部分。

汉籍在俄罗斯的存藏情况可分为四个主要系统：

（1）俄罗斯科学院东方文献所。其前身是沙俄皇家科学院亚洲博物馆，原藏于沙俄外交部亚洲司和东正教传教士团北京驻地图书室的大部分汉籍目前也存藏于此。

（2）圣彼得堡大学。其早期汉籍存藏的主体来自喀山大学图书馆。19世纪后期，圣彼得堡大学成为俄罗斯汉学研究的中心，并收购了大量原属于俄罗斯汉学家收藏的汉籍。

（3）俄罗斯国家图书馆。其前身是沙俄皇家公共图书馆。

（4）俄罗斯国立图书馆，其前身是鲁缅采夫博物馆，藏书的主体来自斯卡奇科夫和满铁大连图书馆。

（二）俄罗斯存藏汉籍的价值

1.俄罗斯科学院所藏汉籍

俄罗斯科学院东方文献所是俄罗斯目前最大的中国语言文献收藏地，不仅收藏有大量汉籍，而且还藏有数量可观的满、蒙、藏文典籍，同时还是世界闻名的敦煌西夏文献收藏中心。其中所藏的稀见汉籍主要有：

（1）《石头记》。俄罗斯科学院所藏《石头记》抄本存1至79回，第5、第6回缺，5函35册。经周汝昌、冯其庸、李侃等专家鉴定认为，此本抄写于乾隆末年至道光初年，其所据底本应是脂批旧本，部分保留了《石头记》早期稿本的面貌，"抄本正文虽颇有脱漏，然亦甚多可与其他脂本对校，足以补其他脂本之误抄漏者"（据中华书局1986年影印俄藏本《石头记》叙）。

（2）《罗西亚国史》。《罗西亚国史》是俄罗斯史学家卡拉姆津所撰《俄罗斯国家历史》前三卷的中译本。《罗西亚国史》是俄罗斯第一部官修史书，相比于以往清朝认识俄国的零星知识，列昂季耶夫斯基将刚刚问世不久的第一部俄罗斯国家历史著作，《俄罗斯国家历史》的内容介绍给清朝，旨在推动中国对俄国的认识，打破以往中俄交往中的隔膜。目前发现存世《罗西亚国史》共八部抄本，其中科学院藏四部。

2. 圣彼得堡大学所藏汉籍

圣彼得堡大学藏书有以下几个特点，第一，图书品种丰富，学科涉及面广，不似其他图书馆那样以儒、佛经典收藏为主。作为大学教师，王西里在北京期间努力搜寻从前不为人所重视的中国诗词歌赋、小说戏剧，为俄国的中国文学教学和研究奠定了基础。第二，复本少。作为一个精通汉满藏语言且学有素养的汉学家，王西里在购书过程中，让有限的资金最大限度地发挥了作用。他不仅对喀山大学的藏书了如指掌，而且熟知外交部亚洲司、亚洲博物馆以及俄罗斯馆中外书房的收藏情况，有效地避免了重复购置。第三，王西里在北京购置的图书及1914年柏百福赠书构成了圣彼得堡大学所藏汉籍的主体，这与其他机构依靠几代人多年累积有所不同。第四，收藏有大量耶稣会士汉文出版物，其中绝大部分是西维洛夫的藏书。此外，俄国东正教驻北京传教团在北京翻译、刊印的经书，在这里也收藏丰富。传教团曾将出版物寄给王西里请教。

3. 俄罗斯国家图书馆所藏汉籍

俄罗斯国家图书馆中的中国文献较亚洲博物馆和圣彼得堡大学要少，却也有自己的特色。在雅洪托夫所著录的323种汉文抄本和刻本当中，有85种是耶稣会士和俄国东正教士的汉文宗教著译作品，其中藏的稀见汉籍主要有《罗西亚国史》是俄罗斯史学家卡拉姆金所撰《俄罗斯国家历史》前三卷的中译本。1828年，东正教传教士团随团学生列昂季耶夫斯基在北京完成此书的翻译工作。

4. 俄罗斯国立图书馆所藏汉籍

该馆起初并无汉籍收藏，但由于获得了斯卡奇科夫的藏书，跻身为俄国汉籍收藏中心之一。斯卡奇科夫一共向该馆移交了2020余种珍贵满汉书籍，其中抄本中数量最多的当数舆图，一共有66种，包括了水利、水文、河工、军事、行政等类别。相关研究非常有意义，有助于搞清楚相关中国图籍流散海外的历史。其中所藏珍贵汉籍有顾之逵校本《穆天子传》《姑妄言》抄本、满铁旧藏宋元本等。俄藏汉籍中中国业已失传了的典籍，其价值在俄藏汉籍中是最高的。

六、山东济南市吕剧院赴俄交流再现齐鲁文化风采

2019年8月17日至21日，山东济南市吕剧院文化交流艺术团一行16人，先后赴俄罗斯下诺夫哥罗德市、莫斯科市开展文艺交流演出。极具中国传统文化特色的精彩节目和华美的戏曲传统服饰，吸引了众多市民和游客，并受到当地华人的热烈欢迎。特别是二胡齐奏中国民歌、坠琴独奏《夸山东》、济南市吕剧院经典保留剧目《逼婚记》选段和《桃李梅》选段，通过不同的戏曲形式，展示了中国传统文化的魅力，赢得全场观众对中国戏曲文化的称赞，纷纷高喊"Chinese"为演员点赞，为中国点赞。

随着山东济南对外交流的日益频繁，济南市各属艺术院团凭借自身过硬的业务素质和良好的业界口碑，多次走出国门开展艺术交流活动。今年以来，济南市杂技团、济南儿童艺术剧院、济南市京剧院已先后受邀赴新西兰、俄罗斯、英国、德国、比利时、保加利亚、日本等12个国家举办中国杂技系列演出、京剧意象杂技剧《粉墨》专场演出、动漫话剧《孔子》、儿童剧《成语连连看》及京剧演出近五十场，在当地刮起"中国风"。活动不仅取得了良好的文化交流宣传效果，更是向世界宣传了齐风鲁韵的山东文化，展现了济南作为历史文化名城的深刻内涵。

七、山东文化单位与俄罗斯系列文化艺术交流与合作呈现的特点

近几年来，山东文化部门与俄罗斯开展文化交流与合作，频次逐步增多，广度与深度愈加显现。尤其山东出版集团在版贸会等活动方面取得了显著的成果，主要呈现出以下特点。

第一，交流活动丰富多彩。在莫斯科书展山东出版集团展区，集团所属各出版单位举办了丰富多彩的新书发布、版权签约、版贸洽谈、图片展览等活动，包括山东人民出版社贾平凹作品集《冰炭》《晚唱》俄语版新书发布会，山东文艺出版社长篇纪实散文《娘》俄语版新书发布会，山东教育出版社《两弹一星工程与大科学》俄语版版权输出签约仪式，山东科学技术出版社《从头到脚话推拿》俄语版新书发布暨《哇！大熊猫》俄语版签约仪式，明天出版社"有趣的中国历史"系列（10种）俄语版版权输出签约仪式，齐鲁书社《兵家名言》汉俄对照版新书发布会，山东友谊出版社《论语诠解》俄语版、《新中国基础教育70年大事记》发布推广暨《论语精华》俄汉版签约活动，山东画报出版社大型史诗画册

《中国》中俄双语版新书发布会暨"在这里，看见中国"主题图片展，所属各单位与阿布扎比文化旅游局代表洽谈出版社合作和文化交流等。

在圣彼得堡俄罗斯美术家协会美术馆，山东美术出版社举办了"中俄建交70周年艺术交流与互鉴系列文化活动"，包括山东美术出版社与俄罗斯美术家协会签署战略合作协议，中俄艺术交流高峰论坛，《文明的回响——中国石刻精品展（拓片展）》，《列宾美院精品教程》中文、俄文版首发式，《爱尚美术——山东美术七十年》（俄文版）首发式等。

此外，版贸会期间，山东出版集团还参访了俄罗斯尚斯出版集团，就中国主题文化"走出去"落地生根、茁壮成长到枝繁叶茂开花结果的模式，即出版社（落地生根）+书店（茁壮成长）+本土主流渠道+中国书架（枝繁叶茂开花结果）的模式进行了交流；参访圣彼得堡独立孔子课堂，就下一步合作出版适合俄罗斯读者阅读的汉语教材和汉语读物，达成了初步合作意向；参访俄罗斯尚斯书店、莫斯科大书店、环球书店、圣彼得堡大书店，深刻了解俄罗斯发行行业的顶层设计，零距离感受俄罗斯书店的发展模式。此等可谓交流活动形式多样，精彩纷呈。

第二，版贸洽谈成果丰硕。山东出版集团高度重视此次版贸会，在参展图书的选择、参展人员的确定、参展活动的策划等方面进行了细致地安排和精心地准备，参展样书涵盖中国传统文化、哲学社会科学、文学、儿童类读物以及中文教材等400余种700余册。各单位还精心制作了外文版样书、英文卡片、英文书目及宣传海报。在书展期间，参展人员以国际化版权业务为核心，与国外出版社进行了多场紧凑高效的会谈，取得了丰硕的成果，共签订版权输出协议22种，版权输出意向4种。同时，参展人员还借助书展良机，广泛接触俄罗斯当地汉学家、读者、当地孔子学院的学生，了解掌握俄罗斯当地整体出版状况，探讨合作出版的可能性，为日后更为深入的交流与合作奠定基础。

第三，各界人士广泛关注。版贸会不仅引起国内媒体如《中国出版传媒商报》《国际出版周报》等的关注，俄罗斯发行量最大的报纸《共青团真理报》对版贸会特别是对山东画报出版社举办的《红莓花儿开——相簿里的家国情缘》新书首发式进行了重点报道。中宣部进出口管理局有关领导，俄罗斯联邦驻华大使安德烈·杰尼索夫，俄罗斯外交部驻圣彼得堡副代表车尔尼雪夫斯基，俄中友好协会副会长库里科娃，俄罗斯美术家协会主席扎哈诺夫·安德烈、副主席阿利克谢维奇，列宾美院著名教授瓦谢列夫，俄罗斯圣彼得堡孔子东方语言文化学院孔子课堂校长韩丹星等人员，以及俄罗斯尚斯国际出版集团、俄罗斯道统东方文学出版社、俄罗斯Lingua-F出版社的有关负责人，对所参加的文化艺术交流活动及其对深化中俄出版文化艺术界合作的意义，都给予了高度评价。

第四，搭建了共享共赢平台。山东文化单位与俄罗斯系列文化艺术交流与合作活动的开展，尤其是2019年为新中国成立70周年，也是中俄建交70周年。为了纪念这一历史性时刻并进一步促进双方的文化艺术交流与发展，山东出版集团组织旗下10家出版机构和1家发行机构，参加了第32届莫斯科国际书展，举办了图书版权贸易洽谈会走进俄罗斯活动及相关文化艺术活动。搭建了促进山东与其他国家的出版业合作交流的共享共赢平台，双方的互动频繁，交流与合作关系逐步密切，合作项目增多。

第五，讲述好山东故事，传播好山东声音。山东走进俄罗斯版贸会等活动的举办，尤其是正值中俄建交70周年，在这样特殊的时间节点走进俄罗斯，其意义更是不言而喻。它是继版贸会走进新加坡、韩国和中国香港之后举办的推进中俄出版界、文化界和艺术界合作交流的重要实践。进一步促进了山东与俄罗斯出版界、文化界、艺术界的沟通、交流与合作。在加强国际传播能力和对外话语体系建设，推动中国传统文化艺术走向世界，讲述中国故事，传播中国声音，提高文化软实力，起到了积极的促进作用。

第二节　山东与俄罗斯教育交流典型案例

典型案例　山东交通学院中俄合作办学发展之路

一、山东交通学院中俄合作办学背景

21世纪是经济全球化时代，教育领域的国际交流与合作不断扩大和加深，经济全球化大大加快了高等教育的国际化步伐。国际合作与交流成为国家实现教育国际化的主要途径。中外合作办学是中国教育事业的组成部分，我国高等教育国际化重要路径之一。

中俄两国之间的高等教育交流与合作有着深刻的历史渊源，可以追溯到

山东与上合组织国家文化教育交流对策研究：以俄罗斯为例

1689年，俄罗斯向中国派遣留学生。1708年，清政府创办了俄罗斯文馆，是我国第一所学习俄语的学校。中华人民共和国成立初期，我国曾向苏联派遣大规模的留学生。我国的高等教育体系的建立借鉴了苏联经验。受两国关系一度影响的高等教育交流在1982年开始逐渐恢复。1984年起两国校际交流关系确立。苏联解体后，两国之间的高等教育交流合作发展良好，高校之间互派师生交流，开展教学和科研合作。

1995年，两国共同签署了《中华人民共和国政府和俄罗斯政府关于相互承认学历、学位证书的协议》。推动了两国教育领域合作的全方位发展。进入21世纪，中俄高校合作办学成为高校间深度合作的普遍形式。合作办学的层次有专科、本科、本硕连读层次，其中以本科项目为主。

中外合作办学项目通常是指外国教育机构同中国教育机构在中国境内合作举办的以中国公民为主要招生对象的教育机构，目前所称的中外合作办学一般是指国家鼓励的在高等教育、职业教育领域开展的中外合作办学。中外合作办学属于公益性事业，是中国教育事业的组成部分[1]。国家对中外合作办学实行扩大开放、规范办学、依法管理、促进发展的方针。国家鼓励引进外国优质教育资源的中外合作办学。

中外合作办学教育层次分为：本科段教育，分别纳入国家普通高等学校招生计划（统考）和自主招生，硕士段教育和博士段教育。

现阶段中俄两国为"中俄新时代全面战略协作伙伴关系"，各领域合作不断深入。2020年6月，教育部等八部门《关于加快和扩大新时代教育对外开放的意见》，《意见》中提出："教育对外开放是教育现代化的鲜明特征和重要推动力。要坚持教育对外开放不动摇，主动加强同世界各国的互鉴、互容、互通，形成更全方位、更宽领域、更多层次、更加主动的教育对外开放局面。"《意见》着眼加快推进我国教育现代化和培养更具全球竞争力的人才。在高等教育领域，将支持高校加强与世界一流大学和学术机构的合作。

在国家教育国际化与教育对外开放政策的鼓励下，中外教育机构开展强强合作或强项合作。为贯彻落实教育对外开放政策，高校中外合作办学作为教育国际化的前沿阵地，应主动作为、创新作为，积极引进境外优质教育资源，实现教育

---

[1] 中华人民共和国中外合作办学条例[EB/OL].（2013-02-19）[2018-11-29].http://www.crs.jsj.edu.cn/news/index/2.

资源供给多样化，为国际化人才培养提供坚实可靠的人才供给平台。

包括俄罗斯、白俄罗斯、亚美尼亚、阿塞拜疆、哈萨克斯坦、吉尔吉斯斯坦、塔吉克斯坦等十多个国家中官方语言或官方语言之一均是俄语。所以需要培养更多的复合型俄语人才投入倡议的建设之中。高校中俄合作办学为提供国际化人才供给平台。

为落实提供"专业+俄语"人才支撑，中俄两国政府和高校不断拓展和加深两国高等教育合作领域，共同举办了多层次合作办学项目。根据教育部的最新数据显示：中俄两国高校合作举办了办学机构13个，本科项目62个，硕士项目4个，其中二分之一以上的项目集中在黑龙江省和吉林省的高等院校，项目专业涉及理工、管理、艺术等不同学科。中俄合作办学培养的人才为国家建设作出了积极贡献。

《山东省中长期教育改革和发展规划纲要（2010—2020年）》中也明确提出推进教育对外开放，引进优质教育资源，培养国际化人才。山东高等教育国际化的核心指标主要为中外合作办学、双向留学生教育及国际学术交流等方面。其中，中外合作办学既是推动高等教育发展的重要力量，又是其主要内容。

山东省高等教育国际化获得新的发展机遇，高等教育对外开放日趋活跃，中外合作办学取得长足进步。我省积极坚持以扩大人文交流促进经贸合作，以旅游、教育、科技、文化、社会事业等领域交流合作为切入点，加强与沿线国家的人文交流与合作，为提升经贸合作关系奠定坚实基础。

2016年，山东省委办公厅省政府办公厅《关于推进高等教育综合改革的意见》提出：加强国内外合作办学。借力国家支持高校海外办学、开展专业教育国际认证，加强与国外友好省州高校的合作。山东省教育厅《关于印发2021年工作要点的通知》中明确：深化教育对外开放。深化与重点国家和地区的交流合作，加强国别与区域研究，推进更高水平中外合作办学。

经济发展带动沿线俄语国家在基础设施建设领域的投资高潮，从而引发在交通、通讯、能源、建材、化工、电力以及房地产、民生工程等领域的大量的人才需求。然而，人才的紧缺在一定程度上阻碍了国家战略的整体联通和发展进程。因此，培养一支综合素质好、外语水平高、专业能力强、融通中外的国际化应用型人才队伍成为当务之急。

山东与俄罗斯的教育交流与合作更加密切，领域持续扩展，中俄合作办学规模和层次有了新的突破。

就是在这样的历史背景下，2019 年，山东省首个中俄合作办学机构顿河学院获批成立。

二、山东交通学院中俄合作办学的历史回顾

山东交通学院是一所以培养综合交通人才为办学特色的全日制普通本科高校，是山东省高等教育应用型人才培养特色名校立项建设单位，山东省与交通运输部共建高校。学校坚持开放办学，积极开展对外交流与合作，致力于培养具备国际视野、通晓国际规则的复合型人才，与俄罗斯、白俄罗斯、英国、德国等 20 多个国家的 60 余所高校建立了合作关系，广泛开展师生交流和学术科研合作。重视留学生的教育与培养，累计招收来自 50 个国家的近 1000 名留学生。山东交通学院与俄罗斯顿河国立技术大学联合开设山东省第一家非独立法人中俄合作办学机构——顿河学院。

山东交通学院的中俄合作办学历程主要分为三个阶段。

（一）2006 至 2011 年合作专科项目办学阶段

2006 年，山东交通学院与俄罗斯远东国立交通大学合作举办的"建筑工程管理"专业的专科合作办学项目，每年招生 100 人。2018 年，因学校发展需要，停止招生，共招收 11 届学生。2008 年，学校又与俄罗斯顿河国立技术大学的前身——俄罗斯罗斯托夫国立建筑大学合作举办了"工程机械控制技术"专业的专科办学项目，2008 年至 2009 年共招收两届学生，共计 46 人。因为生源质量所限，加之该学科为工科，学习难度相对较大，教学质量难以达到合作方学校的要求，向山东省教育厅提出停止 2010 年招生的申请得到批准。

（二）2012 年至 2018 年专科与本科项目办学阶段

2012 年，学校与俄罗斯罗斯托夫国立建筑大学合作举办交通运输专业本科教育项目获得教育部批准招生，每年招生 100 人，2012 年至 2018 年共招收六届学生，2014 年项目通过了教育部办学评估。2019 年该专业被转入合作办学机构顿河学院继续招生。

2013 年，学校与俄罗斯远东国立交通大学又合作举办了电气工程及其自动化专业本科教育项目，每年招生 60 人。至 2021 年共招收 8 届学生。2015 年该项目通过了教育部办学评估。山东交通学院的中俄合作办学有扎实的基础和丰富的经验，社会评价非常好。

（三）本科项目与顿河学院办学阶段

2019年1月至今，为学校与俄罗斯远东国立交通大学合作的电气工程及自动化专业2个本科教育项目，以及山东省首所中俄合作办学机构顿河学院共同发展阶段。在十五年的中俄合作办学实践中，国际化应用型人才培养体系不断完善。

学校的中俄合作办学为国家和山东省经济建设培养了两千余名懂俄语的工程管理、交通运输和电气工程及其自动化建设人才，有些毕业生已成长为本行业的优秀专家和拔尖人才。

三、山东交通学院顿河学院成立

为了满足"专业+俄语"复合型国际化人才的需求，学校在前期合作办学基础上，学校积极申办了与俄罗斯顿河国立技术大学联合举办的中俄合作办学机构"山东交通学院顿河学院"。2019年1月14日教育部发布《关于同意设立山东交通学院顿河学院的函》（教外函〔2019〕7号）："根据《中华人民共和国中外合作办学条例》及其实施办法，经专家评议并审核研究，现就有关事项函复如下：一、同意设立山东交通学院顿河学院，学院隶属于山东交通学院，为不具有法人资格的中外合作办学机构，其英文译名为Don College of Shandong Jiaotong University。二、合作设立山东交通学院顿河学院的中外合作办学者分别为山东交通学院和俄罗斯顿河国立技术大学。三、山东交通学院顿河学院办学总规模为960人。每年每专业招收本科生120人，在山东交通学院招生计划内统筹安排。四、山东交通学院顿河学院开展本科学历教育，开设交通运输、土木工程两个本科专业。增设专业需按国家有关规定办理。五、山东交通学院顿河学院颁发山东交通学院本科毕业证书、学士学位证书，以及俄罗斯顿河国立技术大学学士学位证书。"

不具有法人资格的中外合作办学机构是中外合作办学的形式之一，指国内一所大学，联合国外高水平大学依法申报的，由教育部批准的，不具有民事责任的办学机构，目的在于引进国外优质教育资源，提高人才培养质量、教学科研水平，推动教育的国际化水平。从管理方面，山东交通学院顿河学院依托于山东交通学院，是山东交通学院的一个二级学院（同校内其他二级学院），又根据中外合作办学规章要求，接受山东交通学院顿河学院联合管理委员会（由山东交通学院与顿河国立技术大学联合推荐）的领导，因此在管理体制上既具有灵活性，又具有一定的约束性。

合作办学机构获批后，学校中俄合作办学项目由原来的2个增至4个（电气工程、自动化交通运输、土木工程专业），招收规模会大幅度扩大，这对于项目的俄语教学既是进一步提升质量的机遇，也是艰巨的挑战。

（一）学院成立的历史必然性

1. 中俄贸易水平的提升为顿河学院的筹建提供了难得的历史契机

俄罗斯与中国的贸易额不断提高，未来双方将继续加快推进大型能源、跨境基础设施、交通走廊等战略性重大项目建设。因此，社会上急需大量的"专业+俄语"的复合型人才。与俄罗斯顿河国立技术大学合作设立"山东交通学院顿河学院"拟开设的土木工程专业、交通运输专业，正是为了满足社会上对上述人才的急迫需求。

2. 两校合作设立山东交通学院顿河学院有着深厚的合作基础及合作成果

山东交通学院与顿河国立技术大学的交流与合作由来已久，早在2004年，山东交通学院就与顿河国立技术大学的前身——俄罗斯罗斯托夫国立建筑大学签订了《友好合作交流协议书》。2008年，双方合作举办了"工程机械控制技术"专业专科项目。2012年，双方合作举办了交通运输专业本科教育项目获得教育部批准招生，并于2014年通过教育部评估。

在合作办学中双方保持积极交流合作态度，不断完善人才培养方案，优化课程设置，改革教学模式，选派优秀师资承担教学任务，人才培养质量不断提高，毕业生就业形势良好，许多毕业生与中国重汽集团、中国交通建设集团、中国铁路建设集团、中国建设集团等央企签约并从事海外业务。用人单位普遍反映毕业生语言基础扎实，工作态度认真，进取心强，富有协作与创新精神，学生培养质量受到用人单位的普遍好评。

通过十几年的交流与合作，确立了双方的理解和互信，打下了进一步战略合作的良好基础，为山东交通学院顿河学院的成功设立奠定了基石。

3. 引进国外优质教育资源，提高人才培养质量

山东交通学院顿河学院拟开设的两个专业能够引进国外优质教育资源，能够实现"强强联合"的人才培养质量。交通运输专业、土木工程专业是山东交通学院的主干专业和重点学科，同时也是国家级特色专业。

交通运输专业、土木工程专业亦均为俄罗斯顿河国立技术大学的国家级重点学科专业。这两个专业办学历史悠久，师资力量雄厚，教师队伍结构合理，教学计划制定科学，实施规范严谨，专业实验室建设水平高，实验配套设备齐全，学生实习实践基地建设成熟，就业市场广阔，办学条件成熟。同时俄方具有在较高

纬度、恶劣自然环境地区土建、交通运输等方面设计、科研、施工、管理等技术优势。

（二）学院的优势

1. 人才培养目标优势

学院培养会外语，懂专业，特色鲜明的国际化复合型专业人才。山东交通学院顿河学院拟开设的专业精准卡位人才需求，目标定位于培养具备国际视野、通晓国际规则、擅长国际合作和具有成长力的交通建设事业一线工程师和管理者。顿河学院在今后的人才培养过程中将注重应用型导向，拓展国际化视野，探索行业性认证，突出实习实践环节。在人才培养上既具有大学的鲜明特色，又不失理工学院的实用优势，培养特色鲜明的国际化复合型专业人才。

2. 专业设置优势

学院开设的专业均是两校的优势学科，特色专业。山东交通学院具有鲜明的交通行业背景，以培养路、海、空、轨综合交通专业人才为主体，学校围绕交通行业进行学科专业设置；学生就业的主要领域也是面向交通行业。本次申报的土木工程专业、交通运输专业都是以交通行业为背景的专业，这两个专业是山东交通学院的优势专业，办学历史长，有较深厚的办学基础，师资力量强，教学质量高；又都是国家级特色专业，设有交通行业重点实验室和山东省重点实验室。

顿河国立技术大学的土木工程专业、交通运输专业也是该校的优势专业，师资力量雄厚，在教学、科研方面有很强的实力，具备了良好的合作办学基础条件，而且与山东交通学院申报的两个专业在经济建设中的应用领域一一对应。今后，两校还会根据经济社会发展需求及办学实际情况，按照有关规定增设更多的专业。

3. 人才培养方案及教育教学资源优势

两校联合制定人才培养方案，融合中外双方特色优势，引进外方优秀教学方法及管理理念。合作办学机构与其他普通专业的不同之处包括国际化的人才培养目标、中外联合式的人才培养方案、国际化师资队伍、教育教学及管理方式、证书发放等多个方面。如此，形成了先进而科学的人才培养方案，使培养的人才更能够与社会发展相适应；整合了两校现有的教育教学资源，形成了其资源优势的最大化。

4. 深造机遇好或学生就业面广

学生修完人才培养方案规定的所有课程且成绩合格者，可颁发山东交通学院本科学历证书；达到中外双方学位颁发条件者，可颁发山东交通学院学士学位证及顿河国立技术大学学士学位证。其中学生所获得的山东交通学院毕业证与学位证与普通专业没有不同。同时，学生本科毕业成绩合格，获得本科毕业证及学士学位后，若有想进一步深造的学生，可以直接赴俄方学校攻读硕士研究生，实现本硕连读。顿河国立技术大学是俄罗斯联邦南部最大的大学，为俄罗斯联邦教育科学部首批11所国家资金重点支持的"支柱大学"之一，其所颁发的学位证书在俄罗斯国内外均被认可，包括我国教育部。

学院毕业生就业及升学前景广阔。就业市场需求大，就业前景广阔。

5. 学院师资力量等办学条件雄厚

学科带头人由外方院士级或者行业知名教授担当，外方师资均具有博士学历或副教授及以上职称，可谓师资力量雄厚。

（1）俄罗斯顿河国立技术大学。

与我校合作的俄罗斯顿河国立技术大学坐落于风景优美、历史悠久的顿河畔罗斯托夫市，始建于1930年，其前身为北高加索农业机械学院。伴随时代的发展，历史的沿革，学校先后更名为罗斯托夫机器制造学院，顿河国立技术大学。经过86年的发展，已成为集教学、科研于一体的综合型高水平大学，俄罗斯联邦南部最大的大学。2015年顿河国立技术大学与罗斯托夫国立建筑大学合并，成为俄罗斯联邦教育科学部首批11所"支柱大学"之一，现有在校生40000余人。该校现拥有校区7个，下辖29个学院，140个教研室，5个科研所，2个科技孵化园，1个中俄高新技术转化中心，25个校办企业。

学校现开展本科、硕士及博士研究生阶段的学历教育，学科涵盖文、理、工、农、经、管等各大学科门类，专业开设齐全，本科专业179个，硕士研究生专业90个，博士研究生专业73个。其中国家级重点学科14个，应用经济学、管理学、冶金、机械制造和金属加工、机械工程、电气工程、控制科学与工程、计算机科学与信息工程、建筑学、土木工程、交通运输、水产学、化学、生物工程。

学校师资力量雄厚，职称结构合理，学历水平高，教学经验丰富，现拥有教师2221人，其中教授238人（占比10.72%），副教授950人（占比42.77%）。教师中拥有博士学位的1286人（占比57.9%），博士后360人（占比16.21%）。现任教师中，俄罗斯联邦科学院院士10人，国际知名专家151人，国内知名专家298人，近五年内在国内外科研院所、高等院校担任荣誉教授18人，并聘任联邦政府、国内外知名人士担任荣誉教授 82 人（如俄联邦外交部长拉夫罗夫、俄联邦国防部长绍伊古、皇家马德里现任主席弗洛伦蒂诺等人）。

学校拥有丰富的教学设施，先进的实验室及完善的后勤保障条件，能够满足教学、科研、生活等需要。学校主校区拥有教学楼 10 座，教学楼室内建筑面积 336341m^2，各类实验室 105 个，教学实验室面积 193772m^2，科研院所面积 1973m^2，学生宿舍楼 13 幢，建筑面积 64023m^2，室内体育场面积 10810m^2。此外，学校建有现代化游泳池、现代化大型会议中心、教堂、体育休闲综合体、休闲基地等配套设施。

学校大力发展国际交流，合作领域广阔，经验丰富，程序规范。目前与全球 58 个国家和地区的高等院校、科研机构及其他机构在人才培养、科学研究、技术转化等领域保持稳定的合作关系，签署合作协议近 200 项，其中包括与山东交通学院共同举办交通运输专业中外合作办学协议、与烟台高新技术开发区签署的中俄高新技术转化等一揽子协议、与皇家马德里足球俱乐部共同开展青少年足球人才培养协议等。截至目前已有 200 多位教师有过海外工作的经历。

学校倡导以市场为中心的人才培养理念，积极加强与市场联系，大力发展产学研基地建设，为实践教学、科学研究、学生专业实习及毕业就业提供了坚实的保障。截至目前与企业签署人才培养协议 703 项，签署学生实习基地协议 1717 项，包括罗斯托夫直升机制造厂、俄罗斯投资中心银行、三菱电器公司、俄罗斯康拜因农业机械厂等。

顿河国立技术大学作为俄罗斯教育科学部指定的国家语言培训基地，每年接收来自世界不同国家的留学生 1000 人，截至目前，已为各国培养俄语专业人才或俄罗斯其他高校培养俄语语言生 10000 余人。俄语对外教学教研室是苏联时期第一批经苏联教育部批准的俄语对外教学教研室，经过 40 年的发展壮大，该教研室师资力量雄厚，师资队伍结构合理，学历高，经验足，70% 的教师掌握两门以上外语，并且大部分教师具有海外工作的经验，能够胜任中外合作办学俄语语言教学任务。

（2）俄罗斯远东国立交通大学。

俄罗斯远东国立交通大学位于俄罗斯远东地区的中心城市哈巴罗夫斯克，创建于 1937 年，当时名为哈巴罗夫斯克铁路运输工程学院，1997 年学校获得了大学办学资质，遂改为现名。该校拥有 5 个分校，分别在南萨哈林斯克市，腾达市，斯沃博德内市，乌苏里斯克市，涅流格里市。学校是俄罗斯国家重点大学，俄罗斯交通部的直属高校，在俄罗斯国立大学理工类的排名榜上名列前茅。远东国立交通大学是俄罗斯东部主要的高等教育学府之一，也是培养轨道交通运输、电力和其他国民经济领域高等人才的中心。在运输、电力、建筑、管理和经济等高等教育领域处于领先地位。2006年该校获得ISO9001:2000国际质量管理体系的认证书。该校致力于人才培养模式的不断创新，该校凭借《俄罗斯远东地区创新运输交通科研教育中心》项目2007年成为俄罗斯深化教育改革创新评比前40强的高校之一。该校拥有强大的科技研发基地，该校下设机车牵引学院，控制、自动化与电讯学院，电力学院，交通建设学院，经济学院，自然科学学院，人文社科学院等10个学院、5个系，现有在校学生15000余名，共设有60多个本科专业，其中硕士点43个，博士点23个。该校师资力量雄厚，共有教师700余名，65%的教师拥有副博士（相对于中国的博士学位）学位，100多名具有博士学位（相当于中国的博士后）的教授，9个学位委员会。该校自建立以来已经培养了60000多名毕业生。学校在培养留学生方面也有着丰富的经验，已经有数以百计的外国留学生顺利毕业，已为许多国家（包括中国）培养出大批的留学生和访问学者。

远东交通大学所在的哈巴罗夫斯克市（简称哈巴市）风景秀美，该市位于中俄国境线附近，哈巴市对外交通非常便捷。哈巴市是俄罗斯社会秩序最安定的城市；哈巴市的生活指数适中，物品供应丰富，学生生活舒适；该市驻有中华人民共和国总领事馆（全俄三个总领事馆之一）。

电气工程及其自动化专业隶属电力学院，是该校办学条件最好、毕业生就业质量最高的专业。该专业具有完善成熟的办学条件：

第一，电气工程及其自动化专业在该校建设多年，师资力量雄厚。电气工程及其自动化专业为该校电力学院的主干专业之一，专业建设开始于1956年，通过多年的建设，学院具备了一支结构合理、学历职称较高，教学经验丰富的师资队伍。

第二，该专业教学实验设施齐全，人才培养模式完善，教学理念科学。专业建有多个配备齐全的实验室，教学过程中注重理论知识学习和实践操作的紧密结合。学生在校学习期间，不仅可以在实验室进行实践操作，还可以到俄罗斯铁路分局和远东电力企业实习，极大地提高了学生的动手操作能力。与铁路和电力企业的密切合作是该校电力学院一贯的教学理念和传统。

第三，毕业生质量高，毕业生就业率高，得到各类铁路、电力企业和部门的认可和好评。自1960—2011年，学校共培养了4526名轨道交通和电力工程师。他们大多工作在电气化铁路公司和电力企业，部分学生在俄交通部、俄燃料和能源部、联邦电力网、哈巴罗夫斯克边疆区交通部等国家重点部门工作。凭借扎实的理论基础和出色的实际动手操作能力，该校很多毕业生走上了企业领导的岗位。

第四，该专业科研团体强大，技术开发水平先进。近年来，电力学院培养的硕士和博士生不断增加，学院的科技研发能力快速提升，轨道交通领域的新技术研发能力居世界领先水平，该领域的研究成果被广泛应用于俄罗斯的轨道交通和电力建设中。

四、山东交通学院合作办学的运行机制

为了确保合作项目引进优质资源的实质性和有效性，在合作项目组织管理、教育教学管理、学生未来出口等各个阶段中，不断探求引进国外优质教育资源的途径，提升我校教育国际化水平，培养具有跨文化交际能力的我国经济建设急需的复合型专业人才，构建了合作办学管理机制。

（一）创建合作办学管理机制

合作项目采用联合管理机制，按照《中外合作办学条例》及其《中外合作办学条例实施办法》的规定，实行联合委员会领导下的院长负责制。联合管理委员会主任由中方主管校长担任，副主任由俄方项目负责人担任。具体管理工作由具有国际教育背景和高等教育管理经验的院长负责。联合委员会人员组成、议事规则以及运行、行政负责人资格及履职情况符合《条例》要求。

中方负责招生；负责提供与教学配套的实验室等相关服务；负责学生的教育管理、学籍管理、教学计划的组织与执行、监督保证教学质量等；负责提供教学所需 2/3 的师资。

俄方负责提供项目办学项目 1/3 的课程所需的教学资料；1/3 专业核心课程的教学；俄籍教师的选派与管理；教学方法的培训和支持；参与教学的组织实施和课程教学质量监督评估。

合作办学管理机制的建立，明确了办学中双方教育教学不同工作任务与目标，是合作办学项目引进优质教育资源工作的机制保障。

（二）成立中外合作办学项目工作组

为了加强我校合作办学项目的管理和监督，2013 年 3 月成立了以学校分管外事工作的副校长为组长，学校教务处、学生处、外事处和国际教育学院领导为组

员的中外合作办学领导小组，进一步加强了我校合作办学的规范化管理。领导小组下设中外合作办学项目工作组。

项目工作组在中外合作办学领导小组的指导下开展工作。项目工作组由行政管理工作办公室和教学工作办公室构成。项目工作组主要负责项目的工作管理和质量监督，工作职责包括：①日常行政工作管理。②日常教学工作管理，根据学校教学工作安排进程，确保正常的教学秩序。③教学质量监督管理，积极开展教学与考试考核方法研究；坚持听课与评教制度，不断提高教学质量。④档案管理，所有与中外合作办学项目有关的教学文件均分类建档，并由专人管理。⑤学生日常工作管理。⑥教学工作的具体落实：编写和修订合作办学专业人才培养方案、课程教学大纲、实习大纲、课程实施计划等各类教学文件；引进课程的教学实施；教材编写和教师聘任等教学具体环节的分配、布置和落实。

（三）确定合作办学教学管理模式

项目采用山东交通学院和俄方院校联合管理机制，由双方代表组成的管理委员会负责教学全过程监督和管理。学生入校后，严格根据中国学位管理条例的要求，按照山东交通学院本科教学标准进行教学全过程管理。俄语教学按照俄罗斯对外等级考试大纲进行。教学过程中，通过合法渠道引进原版俄语教材或俄罗斯教授的自编讲义，保证教学内容在该专业技术领域的先进性，加大实训、实习环节力度。具体的课程设置由中俄办学双方结合各自的教育资源优势进行对接，考虑到双方教学模式存在的差异、结合中国的国情和法律法规联合制定以中方为主的教学计划、质量标准和教学质量评估体系。山东交通学院以足够的投入和出色的工作，为项目提供了优良的教学条件、建立了良好的教学秩序，确保项目的顺利实施。

（四）明确办学项目教育管理模式

中外合作项目的学生，在教育管理上按照教育部《高等学校学生管理规定》和山东交通学院相关的规章制度进行日常管理，建立党团组织，设置专兼职学生管理人员，负责学生的思想政治教育、团员意识教育和日常生活管理教育等。同时，以丰富多彩的第二课堂活动作为校园文化建设载体，丰富学生的课余生活和提高学生的综合素养；建立学生社团，积极引导学生参与社会实践活动。考核方式：项目实行学分制，通过平时作业，期中、期末考试取得学分，采取多元化的考试方式考核学生理论水平和实践动手能力，并要求在规定时间内完成课程学习。

(五)建立教学质量监控体系

教学质量是衡量所有教学活动的标准。为了保障合作办学项目人才的培养质量，办学过程中，不断强化合作办学项目教学质量监管，严格考核。在项目工作组的领导下，成立了教学工作指导委员会和专门的教学督导工作组，对合作办学教学情况进行督导评价。学生评教、学生成绩评定等各项教学指标的考核，严格按照相关规定进行。俄方院校管理人员和教师代表定期来校听课，对项目学生进行俄语水平及专业知识测试与评价，为项目办学提出改进教学的建议和措施，加强项目参与人员的交流，促进中俄办学双方教育和教学理念的融合。

合作院校双方不断优化共同制定的人才培养方案，确定引进课程、所聘教师、使用教材、授课形式、考查形式等具体教学环节。开展有效推动双方人才培养模式改革的活动，定期举办中俄方任课教师研讨会，互派教师进行授课和学术交流活动，互派学生进行专业和语言学习交流活动等，以促进培养模式的渗入式改革。

(六)合作办学机构顿河学院的运行管理特色

顿河学院坚持社会主义办学方向，加强教育对外交流与合作，遵循高等教育发展规律，充分利用国外优质教育资源，努力培养具有国际视野、具备创新精神和实践能力的应用型专门人才。根据社会发展和经济建设对人才的需求，遵循质量与规模协调发展的原则，全日制在校生控制在 1200 人左右。学制 4 年。实行"双注册"，学生按照中外双方共同制定的人才培养方案修完全部课程并合格者，颁发中俄双方学历证书。

1. 学院领导管理机构

学院的最高决策机构是联合管理委员会，拥有学院教育教学活动中的最高决策权。根据工作需要，学院可设立副院长、院长助理等行政岗位协助院长工作，并在院长的领导下分管相关工作；院长按照联合管理委员会的授权全面管理学院的各项工作并负责主持院务会议。学院设立教学督导和评估机构，监督人才培养质量。

2. 学院教育教学管理

教育教学是学院的中心工作。学院坚持开放办学，引进国外优质教育资源，着力提高教育质量。学院的教学内容应当符合宪法和法律规定，符合《中外合作办学条例》及其《实施办法》等法规的要求，根据市场需求，依法自主制订人才培养方案，制订教学计划、教学大纲，自主选用教材。教学计划和人才培养方案由中外双方共同研究制定，专业的培养水平和要求须不低于双方各自的标准。各专业引进的外方课程和专业核心课程应当占全部课程和核心课程的三分之一以上，外方教师担负的专业核心课程的门数和教学时数应当占全部课程和全部教学时数的三分之一以上。具体比例根据各专业人才培养方案确定，并结合办学实际情况合理调整。学院自觉接受教育行政部门和其他有关部门对教育教学的监督管理；自觉接受政府有关部门对学院办学水平、教育质量的检查评估。

五、中俄合作办学项目与机构人才培养方案中的三个对接

（一）教学管理模式对接

项目与机构的教学管理模式由合作双方联合管理，由双方代表组成的管理委员会负责教学全过程监督和管理。

1. 教学管理环节对接是保证人才培养方案顺利实施的前提条件

为此专门分别成立了交通运输合作专业项目组、电气工程及其自动化专业和土木工程项目组。项目组由合作双方学校相关专业负责人，以及学科主干任课教师组成。项目组成员根据合作项目人才培养方案的制定原则和要求，结合双方各自的学科优势，进行人才培养方案、教学大纲、课程实施计划的制定，执行人才培养方案，并在实施过程结合具体落实情况，进行相应的微调，以期达到预期教学效果。

2. 建立合作双方学校代表定期互访制度

办学运行中，双方学校每个学期就执行情况举行互访，对人才培养方案落实效果，实施过程中的具体课程衔接细节，学生学习等情况进行沟通交流，及时解决教学中出现的问题，并就引进课程的教学资料、师资选派提前做出安排，确保人才培养方案的有序落实。

（二）课程对接

课程对接是人才培养方案对接的核心部分。项目专业为合作双方院校的优势专业，合作俄方院校的智能交通专业、土木工程、电力系统专业在全俄高校专业排名中名列前茅，俄方承担课程充分体现了优质教学资源引进原则。

1. 引进优质课程资源

根据学科特点、学生学习情况以及合作项目引进课程的要求，引进俄方专业优势课程。交通运输专业引进了智能运输、运输组织学、运输经济学、交通运输行业管理等专业核心课程。电气工程及其自动化专业引进了电力系统概论、电力

系统自动化、高电压技术等核心课程。土木工程专业引进了建筑与建筑结构基础、建筑工程施工技术、施工管理学、桥梁与隧道工程等课程，所有引进课程的门数和课时数占该专业核心课程门数和课时数的三分之一以上。其中，合作办学机构交通运输专业和土木工程专业所有引进课程占人才培养方案全部课程近70%。课程引进包括使用的教材、参考书目、授课讲义、课件、练习题等相关教学材料。教学材料在引进课程授课的前一学期由俄方任课教师提供给中方，部分教学材料实行了汉化，旨在达到更好的教学效果，在教学材料汉化基础上，编写并出版了部分专业教材，使优质教学资源的使用范围得以推广。

根据学生俄语学习水平与学生理解俄方教师授课的具体情况，部分专业核心课程，开展双语教学，具备一定的专业知识的中方俄语教师参与俄方教师的课堂教学中，辅助俄方教师教学，确保教学效果。

2. 加强俄语教学改革，提高俄语教学质量

中俄合作办学项目的人才培养方案实施质量很大程度上取决于学生的俄语水平。为了充分保证项目的俄语教学质量，引进优质资源的有效性和实质性，在人才培养方案的设计和实施过程中积极推行了一系列俄语教学改革措施。

（三）教学理念对接

合作办学项目与机构的人才培养方案中的课程对接是教学资源引进的直接载体。合作办学宗旨不仅仅局限于教学内容的引进。以课程为载体，教学理念的对接是合作办学的又一重要目的。尽管俄罗斯高等教育处于改革求变期，但俄罗斯不容忽视的国际地位，足以证明支撑其经济发展和民族复兴的教育实力，其教学理念值得引进和借鉴。

1. 教学过程引进俄方教学理念

为了让学生更好地理解所学知识，俄高校专业课程一般采用先讲后讨论和练习的教学方式。前一节大课以教师讲解知识内容为主，后一节大课由教师主导，以讨论前一节课所学内容为主，并加以练习。这种课程学习方式既能使学生更好地掌握领会接受新知识，又能培养学生思辨、表达和应用知识解决问题的能力。根据不同课程的特点及要求，合作办学项目多个课程的实施计划都遵循先讲后练的原则制定。

2. 改革教学评估模式，加强阶段测试和考评

俄高校考试更注重学生综合运用知识的能力，考题数量和题型不多，但考查知识面较广，学生只有在真正理解所学知识，并能较为灵活运用的基础上，才会

取得理想的考试成绩，凭借考试前的一时努力，是很难通过考试的。引进的专业课程考试，结合学校考试规定，体现俄高校考试模式特点。考试后，教师认真进行考试成绩分析，并提出相应的改进措施，以不断提高教学效果。

六、中俄合作办学项目与机构教学改革

（一）不断优化人才培养方案

为学生打造良好的学习方案，在制订合作专业人才培养方案时，首先，认真比对合作院校双方原有的人才培养方案，并进行了充分的研讨；之后，在双方人才培养方案的基础上加以修改，最终确定了符合教育部有关要求的专业人才培养方案。人才培养方案的特点是：

（1）基础俄语课程集中安排在前4个学期；

（2）选择多为无后续课的专业核心课程由合作院校的教师授课；

（3）高年级的选修课中设置相应的俄语课程，为准备出国深造的学生做好语言准备。

人才培养方案确定后，根据培养方案要求，相关课程任课教师结合具体学习目标制定了课程教学大纲。

（二）充分利用学校教学资源

集学校之力办好中俄合作办学项目。项目的公共基础课程、专业课程，理论教学与实践教学环节紧密依托相关院系做好相应的教学工作。

公共基础课程与学科基础课程教学主要由学校的社科部、理学院、工程机械学院和信息工程与电气工程学院承担；交通运输专业中方承担的专业课程教学主要由汽车工程学院承担；土木工程专业中方承担的专业课程主要由土木工程学院承担。电气工程及其自动化专业课程教学主要由信电学院承担。俄语教学则由项目所在学院——国际教育学院承担。

学校及各相关院部在教师聘任与教学过程的各环节中都给予了极大的支持，使中外合作办学项目与机构得以顺利进行。

（三）教学过程改革

注重课堂教学效果，不断提高课堂教学质量，使学生能更好地掌握课堂讲授的知识。注重实验实践教学效果，确保实验教学时数。创新教学方法，开展现场教学、训练式课堂等方法改革实验。改革考试考核方法，增加测验与考核次数，提高平时成绩比重，降低期末考试成绩比重。做到以考促学，使考试成绩能真实

客观地反映出学生知识掌握水平。

（四）因材施教，探讨分类培养方式

加强学生职业规划教育，根据学生未来职业规划，为计划出国深造和对语言学习有更高要求的学生，充分利用项目的俄语外教多，小班授课等优势，进行语言强化学习与训练。

（五）开拓学生国际视野，培养具有国际化思维模式的专业人才

中外合作办学项目的人才培养任务是培养具有国际化思维模式的专业人才。项目的人才培养方案中设置了专业认知出国实习环节。出国实习开阔了学生的视野，增加了阅历，有助于学生国际化思维模式的形成。

合作项目人才培养方案和课程对接的实践，促进了学院教学文化的再造，进一步强化了我校的优势学科，拓展了专业方向。引进课程使学生能够接触到先进的教育模式和理念，学习自主学习能力提高，思维更加开阔活跃，综合素质不断提升。

（六）顿河学院教学方式的特色

顿河学院的教学方式在项目办学的基础上，更有新的特色。

1. 小班式"项目化"强化俄语教学

强化俄语教学，加大俄语教学时数，采取小班授课方式，实行"项目化"方式进行俄语教学。

2. 重视国外实习实践教学

重视教学实践环节，丰富国外实践教学内容，加强国外实习实践基地建设，在实践中提高学生的专业国际化水平。

3. 教学方法灵活多样

采用先进的案例式、启发式、互动式教学方法，充分调动学生的学习积极性与自主性；重视课堂教学质量，采用灵活丰富的考核方式，提高教学效率。

4. 教学手段先进

充分利用"互联网＋教学"方式，即线上与线下教学相互辅助。准备丰富的课前与课下自学资源。争取为所有学生在本科阶段提供出国交换、实习和游学机会。

5. 达到条件者有进一步深造的机会

学生修完人才培养方案规定的所有课程，且成绩合格者，可颁发山东交通学院本科学历证书；达到中外双方学位颁发条件者，可颁发山东交通学院学士学位证及顿河国立技术大学学士学位证。其中学生所获得的山东交通学院毕业证与学位证与普通专业没有不同。达到条件者可获国家奖学金赴俄学习和攻读硕士、博士的机会。

（七）合作办学的主要教学问题与解决方法

1. 合作办学的主要教学问题

（1）人才培养全过程的国际化和本土化的融合问题。合作办学人才培养全过程都存在如何有机融合国际化和本土化，发挥优势资源最大化的问题。

（2）人才培养目标达成中的俄语瓶颈突破问题。如何让俄语零基础学生的俄语水平在有限的学习时间内达到培养要求，是一项艰巨的挑战。

（3）人才培养模式中多维开放教学体系构建问题。构建多维开放教学体系是集中合作学校及双方学校院系的优势资源，弥补合作办学双方存在的距离和时间差异的有效方式。

（4）培养人才的就业去向等问题。毕业生的就业质量以及职业发展是检验合作办学质量的标准之一。

2. 合作办学教学问题的解决方案

（1）明确人才培养定位，全过程进行人才培养的国际化和本土化的融合。充分发挥合作院校双方的学科优势，培养具备国际视野和通晓国际规则，具有成长力的行业建设一线的工程师和管理者。坚持"以我为主，为我所用"的原则，引进资源，因势利导，发挥优势资源效益最大化。办学中实现了运行管理机制两化融合：学院管理机构为联合管理委员会。委员会主任由中方出任，副主任由俄方出任。实行委员会领导下的院长负责制。院长由中方人员承担。教学管理两化融合：中俄双方共同参与教育教学活动，学生日常教学和教育管理依据山东交通学院相关制度进行。课程体系两化融合：项目和机构的专业分别按照1/3原则，1/2规定引进外方优质课程同时，开设国内高校的通识教育课等必修课程。核心课程双语讲授。教学理念两化融合：专业课程采用讲授课+练习讨论课的教学模式；考核评价方式过程化、多样化。

（2）夯实俄语基础，全力突破俄语语言瓶颈。合作办学培养的精专业、懂俄语的复合型国际化人才。俄语教学质量关乎目标达成度。第一，健全机构。成立了中方以及对外俄语教研室负责中外方俄语教师的教学工作管理。第二，小班授课。创新俄语教学方法，完善俄语课程体系，基础俄语课程增加专业词汇和解释。保证充分的俄语课时量。第三，创设全方位俄语学习环境：课堂教学+第二课堂＋空中课堂＋学院文化。第四，建设了一支极具责任心，教学水平高，教科研能力强的俄语教师团队。第五，建立了教学质量督导体系，实现俄语教学全过程监督。

（3）打破院系界限、时空限制，全方位构建多维开放教学空间与体系。针对本学院专业教师不足问题：第一，实现校内资源集优化，专业课聘请本校相关学院优秀教师授课，学生共享实验室等教学资源。针对合作办学双方时空差异、语言障碍的现实。第二，建立俄方教学资源网络平台，引进课程的相关学习资料均可见于平台。第三，采用俄方专业课教师长聘（学期常驻）＋短聘（飞行授课）模式。第四，为俄方专业课教师配备懂专业＋俄语的中方教师为助教。第五，国外认知实习，教学空间开放至俄方院校和俄罗斯。第六，实现3（国内）＋1＋2（国外）本硕连读培养。

（4）了解社会需求，多渠道建立学生实习、就业保障体系。第一，建立多个产学研基地，截至目前与企业签署学生实习，联合培养基地协议20余项，包括中通客车海外营销公司、山东海联讯信息科技有限公司等。第二，拓宽就业渠道。创建了就业服务平台，每年举办招聘专场，为实践教学、实习及就业提供坚实的保障。

七、山东交通学院中俄合作办学成果

（一）主要成果介绍

1. 勇于开拓，对接国家发展战略，培养社会需求人才

自2006年合作办学专科项目起，发展至办学机构，所培养的均为国家建设急需专业人才，行业精英不乏其人。学院已培养毕业生2350名。连续多年实现高比例和高层次就业，近五年稳定保持在92%以上。多名毕业生就职中交、中建、中铁等央企，山东高速、济南交运等省企单位并成为业务骨干，参与了青岛跨海大桥、港珠澳大桥、北京大兴国际机场等重大工程建设工作。专本硕（博）连读培养模式近10年，累计1000余名学生赴俄留学并获得硕士及以上学位，其中22名获博士学位。

2. 砥砺前行，实现办学层次提升，培养高质量人才

学院自2006年举办中俄合作办学工程管理专科项目，每年招生100人。不忘初心，致力国际化人才培养质量提升。办学层次不断提升、办学规模扩大，产生巨大社会效益，国际和国内影响力。2012、2013年中俄合作办学交通运输专业、

电气工程及其自动化专业本科教育项目获教育部批准并招生，招生规模分别为每年 100 人和 60 人。2019 年教育部批准成立顿河学院，办学总规模为 960 人。目前，项目和机构在校生达 653 人。合作办学人才培养质量受到教育部高度肯定。2021 年学院获批国家留学基金委公派出国项目。每年将资助学生共 51 名，其中本科插班生 30 人，硕士研究生 20 人，博士研究生 1 人。

3. 探索国际化"专业+俄语"复合应用型人才培养模式

办学定位于培养一线需要的、有成长力的具有国际工程视野的高素质应用型人才；合作办学全过程实现了国际化和本土化的高度融合。深入实践，实现了合作办学项目与机构双方人才培养模式的有效对接。办学中，进行双方的教学理念、教学管理模式和人才培养方案中课程设置等多途径对接。立足本土，探索出国际化与本土化相融的"专业+俄语"复合应用型人才培养模式。

4. 创建双优合作多维开放的国际化应用型人才培养体系

创建中俄"双导师"制，开创多学院参与的集优教学模式和"国外专业认知实习"教学实践环节，即凝心聚力，创建了双优合作、院系共建、多维开放的国际化应用型人才培养体系。

5. 引智山东，积极服务我省发展

获批成立了"院士工作站""'上合组织'区域国别研究智库"。获批市厅级以上科研平台 2 个，其中"'上合组织'区域国别研究智库"获得山东省人民政府外事办公室授牌成立。获批设立了山东省"综合交通运营与控制"院士工作站，引进乌克兰工程院院士安德烈，在道路建筑材料方面与国内企业已开展合作。其相关研究及合作成果可为省领导及相关部门科学决策提供有力支撑，为相关政策的制定提供理论依据，培育和发挥好山东"软实力"；服务山东经济社会发展；塑造山东新形象，向世界讲好中国故事"山东篇"，不断提升山东国际知名度和影响力，服务打造山东对外开放新高地和高质量发展等方面，都能发挥出重要的作用。同时也提升了我校服务国家战略和地方经济社会发展的能力和水平。

（二）成果创新之处

1. 人才培养体系创新

创建了双优合作、院系共建、多维开放的国际化应用型人才协同培养体系。双优合作，强强联手，合作办学双方优势资源互补，联手培养"专业+俄语"国际化应用型人才。合作举办的工程管理、电气工程及其自动化专业是远东国立交通大学的重点优势学科。交通运输、土木工程专业为顿河国立技术大学国家级重点学科。引进外方优质师资，近三年，累计引进语言及专业外籍教师122人次，其中副教授以上职称占总引入人员的87.7%。为人才培养提供了优质的师资保障。

院系共建，资源共享，学院依托学校学科建设优势资源，跨院系聘优秀教师，担任合作办学的公共基础课、学科基础课、非引进专业课程的教学任务。学生实习实训依托两校资源平台。

多维空间，开放教学。开创性地建设了引进课程网络教学平台，引进资源扩大化，俄教与学生互动常态化。国外专业认知实习，国内＋国外培养模式，培养学生的国际视野和语言技能。

2. 育人管理体系创新

建立了国际化和本土化高度融合的合作办学管理运行机制。学院院长中方担任，聘请外方管理团队参与教学管理，聘有外方教学副院长、教学秘书和俄语教研室主任等成员组成的团体长期在学院工作，与中方一起组织、执行、督导教学全过程。学院中方教学管理人员、辅导员都具备俄语国家留学经历。

3. 教学模式创新

探索出价值观与国际化视野并育，能力培养与知识传授并重的国际化人才培养教学模式。人才培养中着重培养学生高度的爱国主义情怀，跨文化交流中弘扬民族文化的使命感。学院学生多次被评为全省大中专学生志愿者暑期"三下乡"社会实践活动优秀团体和学生。实现了课程教学形式多元化：课堂教学、国内外实践性教学、平台教学、空中课堂教学、户外课堂教学等形式；开展师生手绘套娃、共度谢肉节等俄语实践活动；课堂搬进宿舍、食堂和公园。课堂教学组织形式多元化：讲授课、讨论课、练习课；考核评价形式多元化：阶段考、积分制、口试、笔试等形式。

（三）成果推广应用效果

1. 国际化应用型人才培养质量获社会各界高度认可，毕业生广受欢迎

（1）赢得领导与教育主管部门的办学支持与鼓励。2019年6月18日山东省委常委于杰在山东交通学院顿河学院成立大会暨揭牌仪式致辞中高度肯定了学院多年培养国际化人才的贡献，对学院早日建成特色鲜明、世界一流的国际学院提出殷切厚望。2021年学院获批教育部国家留学基金委公派出国项目。

（2）为国家建设输送了多届毕业生，行业精英不乏其人。工程管理、交通运输、电气工程及其自动化专业已培养毕业生2350名。多名毕业生就职中交、中

建、中铁、山东高速、济南交运等企业，充分发挥"专业+俄语"复合型国际化人才优势，成长为行业内不可或缺的业务骨干，参与了港珠澳大桥、北京大兴国际机场等重大工程建设工作。济南公交集团公司副总李峰，交通运输部科学研究院研究员杜光远等，优秀毕业生不胜枚举。"3+2（+2）"专本（硕）连读、"4+2（+3）"本硕（博）连读培养模式近10年，累计1000余名学生赴俄留学并获得硕士及以上学位，其中22名获博士学位。

（3）学生全面发展，综合素质和能力整体提升。突出价值引领，实现思想政治教育与知识体系教育的有机统一。第一，学生积极参加社会公益及志愿者活动，获得国家级、省级等各级表彰和奖励100余人次。第二，俄语瓶颈突破，学生俄语四、六级成绩连续创高。2021年交通运输专业学生四级通过率达70%。第三，学生竞赛获奖频频。全国第一届中俄合作办学俄语大赛一等奖2名，山东省第一届"相约上合杯"俄语演讲比赛一等奖1名、二等奖1名。第十一届山东省大学生数学竞赛非数学专业组省级一等奖1项，第七届"互联网+"大学生创新创业大赛省赛金奖2项。学生获国家、省级竞赛奖50余人次。

2. 合作办学的示范性和引领性产生重大社会效应

合作办学的国际化人才培养经验大力推广，其示范性和引领性得到同行肯定和借鉴，产生了重大社会效应。

（1）教科研成果丰硕。成果完成人在合作办学研讨会上作特邀报告10余次；发表相关教育教学研究论文23篇，专著5部，教材10部，承担教改课题18项。获批市厅级以上科研平台3个，教科研获奖12项，其中获第七届中国外语微课大赛俄语语言组山东省二等奖。

（2）国际合作平台推介。成果完成人应邀在全国中俄合作办学联盟大会和对俄乌白合作高校联盟会议上做经验分享，山东交通学院顿河学院为中俄合作办学高校联盟会员理事单位。

（3）院校交流推广。受邀到江苏师范大学、山东科技大学等多所高校作报告。省内外北京交通大学、江西财经大学、上海机电学院、山东理工大学、山东建筑大学、临沂大学、曲阜师范大学、德州学院、济宁学院等三十多所高校来我院调研交流，学习国际化办学经验。

3. 宣传范围广、产生影响大

合作办学成果突出，获媒体的广泛报道，产生积极影响。《人民日报》《中国教育在线》《山东教育卫视》《大众网》《山东教育在线》等国内十余家媒体采访、宣传、报道学院的人才培养模式和教学成果，反响热烈。

4. 中俄合作办学"十四五"目标

山东交通学院中俄合作办学"十四五"期间，将进一步完善学科专业布局，积极引进俄罗斯、乌克兰等国家在计算机科学技术、机器人工程、航空航天技术、人工智能等领域的优势学科专业，新增 1～2 个中外合作办学本科专业。保障人才培养体系高质量发展。

进一步提升中外合作办学层次，争取实现硕士、博士办学项目的突破，打造本硕博项目一体化建设的高质量发展格局，逐步形成本科、硕士和博士研究生完整的人才培养体系。

继续打造科教融合、协同发展的国际平台，全力推进"院士工作室""院士工作站"建设；充分发挥上合智库汇聚海内外高端人才平台作用，加强师资队伍建设，助力国际化人才培养。

总之，在开展上述合作过程中，山东交通学院坚持积极稳妥，依法办学的指导思想，充分引进了国外学校的优质教育资源，充分发挥了双方的智力、人才资源优势，有效地提升和整合了教育资源，为学生提供了高品质的服务，进一步提高了学生的培养质量。

通过中俄合作办学的开展，山东交通学院合作办学项目与机构的招生规模、学生质量稳步提高，为促进高等教育办学投资主体多元化、办学规模多样化，社会经济建设发展，做出了应有的贡献。

八、山东加强与俄罗斯教育领域交流与合作的现实意义

21 世纪是经济全球化时代，教育领域的国际交流与合作不断扩大和加深，经济全球化大大加快了高等教育的国际化步伐。国际教育合作与交流成为国家实现教育国际化的主要途径。中外合作办学是中国教育事业的组成部分，我国高等教育国际化重要路径之一。

在政策引领下，进入"十四五"时期，山东省中外合作办学呈现以下发展趋势与特点：中方合作高校层次提升；外方合作国别增加；专业涉及学科广；办学质量、规模与层次不断提升。

山东交通学院与俄罗斯合作办学所取得的成绩，充分证明了中俄办学的开设和稳步持续发展，该项工作赢得了教育主管部门以及社会各方面的高度认可。合作办学项目为山东省，乃至国家经济建设培养输送了"专业+俄语"的复合型人

才。通过多年教育教学管理和实践，办学中积极大胆进行"专业+俄语"国际化人才培养体系改革创新和完善。在"专业+俄语"国际化复合型人才培养模式理论研究和实践中都取得了值得推广的经验和成果。如在合作办学项目与机构办学过程中，明确自身定位和目标选择尤为重要。坚持"以我为主，为我所用"的原则，在外方合作学校、办学层次、合作内容、合作模式选择方面，应秉承引进优质资源目的，积极稳妥开拓资源引进途径，突出办学特色，注重教学质量，努力实现"双赢"的目标和可持续发展。

综上所述，中外合作办学项目是国际高校间交流中相对稳定性高、深层次且较长期、辐射影响力大的合作形式。首先，中外双方院校合作办学项目开办建立在两国关系正常发展背景下，两国教育交流政策框架下；其次，项目的推进与开办离不开本地政府所给予的对外教育开放政策支持，以及具体扶持措施。最后，两校合作开办项目是建立在长期友好互信合作基础之上。

中外合作办学项目是评价我国高等教育国际化的重要指标之一。本科项目的合作期至少为四年，以保证学生顺利完成学业，实现人才培养目标。中外双方在合作办学过程中交往更加密切，双方的人才培养理念、培养方式、办学评价体系等都会有所碰触，通过探讨与教育教学实践，求同存异，达成教育教学目标的共识，是深层次的交流方式。

合作办学是以共同培养学生为目的开展教育教学活动，过程中伴随的优质人才（师资）的流动，师资会带来先进的科学研究成果，基于办学项目的人才流动能够推动学术交流，科研平台的建立，本地建设的引智工作，从而提升高校的办学水平，助推办学地的科技技术进步，服务于经济建设，实现社会进步，早日迈入中等发达国家行列。

附一　俄罗斯与山东合作扬帆起航再创佳绩

俄罗斯与山东合作扬帆起航再创佳绩

（俄罗斯驻华大使　安德烈·杰尼索夫）

"驻华大使话山东"编者按：为更好贯彻山东省委十一届十一次全会精神，服务打造对外开放新高地，经外交部同意并报省委批准，省外办策划开展了"驻华大使话山东"活动。活动邀请了20个国家驻华大使或总领事在山东省内有关媒体发表署名文章，全面回顾该国与我国、与山东友好交往历史、展望"后疫情时代"合作前景，推动各领域合作迈向新阶段，产生广泛的影响、取得综合多元效应。俄罗斯驻华大使安德烈·杰尼索夫撰文《俄罗斯与山东合作扬帆起航再创佳绩》。

亲爱的朋友们！很高兴向大家介绍俄罗斯与山东省的友好合作成果。据说，大多数讲汉语的俄罗斯人都有山东口音，那我们俄罗斯驻华使馆的外交官们自然也算得上是山东人了。

山东历史文化悠久，资源禀赋得天独厚。在中国的历史中，齐国和鲁国曾是两个重要的国家。这里孕育了众多历史名人，2500多年前孔子就诞生在曲阜，中国著名的泰山也位于山东，孔子曾言"登泰山而小天下"。如今山东经济发展势头迅猛，拥有海尔、海信和青岛啤酒等一批著名企业。山东与俄罗斯地方间保持密切联系，双方有1对友城和3对友好合作省州，青岛与我的故乡圣彼得堡也是友好城市。

今年，我们共同面对新冠肺炎疫情的巨大挑战。2020年2月，疫情在中国暴发时，俄罗斯向中国提供了人道主义援助，派遣专家组并捐赠防疫物资。2020年3月至5月，中国向俄罗斯提供了人道主义援助物资，包括急需的个人防护用品、医疗器械和药品。山东省也积极参与对俄罗斯的援助，4月17日，威海市向索契市捐赠了1万只医用口罩，印证了友城之间的紧密联系和友谊。

俄罗斯与山东省经贸往来密切。据中国海关统计，2019年俄罗斯与山东省的贸易额增长了11.7%，达148亿美元。今年双方贸易整体上仍保持稳定态势。我想特别指出的是，俄罗斯将积极利用跨境电商渠道向山东省扩大食品及农产品出口。

近年来，中俄投资合作稳步发展，俄罗斯出台的助力合作的制度起到了推动作用。远东地区成立了18个超前发展经济区，国家负责建设必需的基础设施，提供税收优惠和便捷服务，以便企业家投资兴业。在俄罗斯欧洲部分也有许多经济特区、工业园区等。

俄罗斯境内的中资企业很多来自山东省，海尔集团在鞑靼斯坦共和国设立冰箱加工厂，卡玛斯公司与潍柴集团也在鞑靼斯坦共和国组建合资企业生产重型柴油发动机，山东中金在图瓦共和国开发金矿，海信集团是2018年俄罗斯世界杯足球赛电子屏的供应商。

目前，俄罗斯相关部门正与山东企业就在俄投资建设乳制品厂、温室及畜牧业综合体进行磋商。双方食品和农产品贸易前景广阔，山东苹果在俄罗斯广受欢迎；青岛啤酒举世闻名，在俄罗斯也颇受青睐。希望优质的俄罗斯产品在中国也能找到买家。

人文领域合作发展迅速，大学间交流密切。山东省是俄罗斯重要留学目的地，2018—2019学年约有1000名俄罗斯留学生在山东高校学习。2019年6月，山东交通学院与俄罗斯顿河国立技术大学在济南成立了山东交通学院顿河学院，2019—2020学年该学院招收了约800名大学生。

众所周知，青岛是帆船之都。俄罗斯大学生队是青岛帆船赛的忠实参赛者。近年来，俄罗斯大帆船"帕拉达"数次亮相青岛港，大量市民和帆船运动爱好者登船体验。亲爱的朋友们，帆船运动中最重要的是顺风而行。希望俄罗斯与山东省在今后的合作中一帆风顺！

——引自2020年7月18日《大众日报》

附二　山东与上合组织及俄罗斯文化教育等交流大事记

1949年

10月

1日　中华人民共和国成立，中国的对外关系开始谱写新的篇章，山东外事工作翻开了新的一页。来访、出访的国家主要是苏联、东欧各国和朝鲜、越南等，多限于文化交往，很少有真正的经贸关系。同时，苏联、匈牙利等国家的许多工程技术专家也来到山东，参加和指导国家重点工程项目的技术工作。

2日　中苏友好协会青岛分会建立，会址在中山路1号，该组织是促进发展中国和苏联两国人民友好事业的民间性组织。

20日　在青岛的苏联侨民为406人。

21日　由法捷耶夫和西蒙诺夫率领的苏联文化艺术科学工作者代表团一行34人来济南进行友好访问。次日上午，济南市5万多人集会欢迎。

11月

4日　苏联工业专家尤金等4人到达张店，帮助淄博特区迅速恢复工矿生产与建设。

7日　山东省暨济南市各界隆重集会，庆祝十月革命节和济南市中苏友好协会成立。

12月

16日　济南市中苏友好协会在全市发起斯大林70诞辰签名祝寿活动，20万人参加。这一活动延续到21日。

1950年

2月

16日　济南市各界代表举行集会，庆祝《中苏友好同盟互助条约》签订。

5月

15日至17日　苏联共青团中央书记米哈依洛夫率领的苏联青年代表团及文

艺工作者代表团一行37人，在团中央书记冯文斌陪同下来济南参观访问。

7月

27日　苏联驻天津总领事唐平科到青岛视察苏联侨民事务。

11月

7日　山东省暨济南市各有关方面的代表在济南市中苏友好协会礼堂举行中苏友好协会山东分会成立大会（在此前，青岛等7个城市已成立了中苏友协组织）。同日，中苏友好协会济南分会成立，会址在经二路纬三路52号。

按：该分会的基本任务：以国际主义的精神教育广大中国人民，增进他们对中苏友好，对苏联的认识，学习苏联的先进经验，以推进我们国家的建设，保卫世界持久和平。

中苏友好协会山东分会主要开展以下工作：

组织工作：到1951年11月，全省建立有济南、青岛、烟台等11个市，汶上、长清、莱阳、乳山等14个县的中苏友协组织，以及沂水、昌潍、泰安等6个专区的中苏友协工作委员会。共有委员82.77万人，建立了所属总支会48个，支会1185个，分支会1104个。到1952年12月4日，全省共发展会员达615万人。

宣传工作：山东中苏友协出版了《山东中苏友好》半月刊，共发行了7万余份。省及济南、青岛中苏友协出版小册子7种，宣传材料12种。省、青岛、徐州等中苏友协分别在当地广播电台开播经常性的中苏友好广播节目。通过各种纪念会、庆祝会、报告会、座谈会等向会员进行宣传教育，仅1951年举办五六百次，参加者约30余万人。配合开展保卫和平、抗美援朝的活动。

文化服务：在各地举办大型展览、流动展览，设立街道画窗，展出苏联图片、苏联画报及剪贴材料。在各地巡回放映苏联电影、幻灯片。经常举办各种性质的晚会、体育活动。先后在济南、青岛、潍坊、徐州、德州设立俄文夜校或俄文班。与省总工会、团省工委、省妇联、省青联、省学联等团体一起发出联合通知，发动工人、青年、儿童、妇女写信给苏联朋友，开展中苏友好通信活动。

（此条摘引自山东省地方史志编纂委员会编《山东省志外事志》，济南：山东人民出版社，1998年，第73-74页）

21日　山东外事委员会成立。郭子化为书记，王卓如为副书记。

12月

新中国成立后，旅居山东的外侨人数和国籍逐年减少。济南外侨分属11个国籍，在济南的苏联侨民仅1人。

1951年

1月

18日至28日　苏联驻天津总领事马铁夫及秘书来青岛了解苏联侨民情况。

11月

8日　山东省中苏友好协会举行首次工作会议,决定全面开展宣传苏联、学习苏联的群众性运动。

1952年

4月

23日　山东省著名纺织工业劳动模范郝建秀作为全国总工会代表团的成员,赴苏联参加"五一"节庆祝典礼。

27日　山东省的吕鸿宾、董力生、李景崟、王德光、王茂泽、梁辉、包培智、李成和等8人作为中国农民代表赴苏联考察。

10月

10日　中苏友好协会山东分会在济南举行扩大会议,决定从11月5日至12月5日,在全省城镇开展"中苏友好月"活动。

11月

21日　苏联红旗歌舞团来济南访问演出。

12月

4日　山东省发展中苏友好协会会员达615万人。

12日至15日　苏联最高苏维埃部长会议艺术委员会副主席楚拉基率领的苏联艺术工作团一行12人,来济南进行访问演出、座谈等活动,中共中央山东分局宣传部长夏征农到机场迎接。

1953年

2月

青岛将栈桥回澜阁更名为"中苏友好阁",由郭沫若手书阁名。

3月

9日　山东省暨济南市13万人在千佛山人民广场隆重集会,悼念斯大林同志。

6月

20日　苏联驻天津总领事一行2人来青岛洽谈苏联侨民就业问题。

1954年

4月

23日　苏联驻华大使馆华列考代办代表本国政府向中国政府提出在华苏侨分批遣送回国参加经济建设的要求。

5月

20日　青岛市政府采取"主动配合，适当照顾，给予方便，尽速送走"的方针，成立"青岛市协助苏侨回国委员会"，下设临时办公室负责实施遣送工作。

6月

10日　青岛市第一批遣送苏侨（含眷属）回国49人。

30日　青岛市第二批遣送苏侨（含眷属）回国23人。

7月

2日　苏联驻华临时代办华司考、参赞瓦日诺夫一行7人来青岛访问。

按：青岛市第三批经天津遣送苏侨（含眷属）回国6人。

1955年

4月

18日　青岛"苏联公民协会"闭会。

20日　青岛市第四批经天津遣送苏侨（含眷属）回国48人。

25日　青岛市第五批经天津遣送苏侨（含眷属）回国43人。

6月

7日　青岛市第六批经天津遣送苏侨（含眷属）回国2人。

12月

据统计，青岛市历年共举办各种重大活动5000余场次，吸收听众和观众达200余万人次。编印各种宣传材料和出版各种报刊达30余种，分发50余万份。20世纪50年代中期，组织出访苏联的人士作访苏报告300余场，听众达5万人次。举办俄语学习班15期，毕业学员289人。

1957年

12月

据统计，中苏友好协会济南分会自1950至1957年底，接待了苏联友好代表团25批598人次。全市开展了七届"中苏友好月"活动。举办了九期以宣传苏联十月革命以及社会主义建设为内容的展览会。1957年后终止活动。

1958年

2月

苏联专家邦达连柯到山东指导造林设计。翌年，考察临朐、海阳2县，分析研究了现有的技术资料，协助完成了46个县的调查，设计出480余种典型图式。

3月

苏联专家希德洛夫帮助设计的烟台水貂饲养场建成，并从苏联引进貂种85只。此为山东第一处水貂饲养场。

1958年

7月

25日至26日 希普诺夫率领的苏联青年先进工作者和科学技术代表团一行17人来济南参观游览。

10月

28日 中共山东省委国际活动指导委员会于1957年初创办内部信息刊物《接待外宾工作简报》，1958年改名为《外宣工作简报》，又于今日改为《外事工作通讯》，用以指导全省外事工作。

11月

山东大学聘请苏联数学家巴索夫来校任教，这是新中国成立后山东省高校首次聘请外籍教师。

苏联专家希A. K. 列昂诺夫到山东海洋学院工作，为期1年，为中国培养了18位首批区域海洋学学科的研究人员。

攻读中国唐宋传奇文学的苏联研究生陶宁娜来到山东大学中文系随冯沅君教授进修。

12 月

1949—1958 年山东的外宾共 309 批，3097 人次，其中以苏联为代表的社会主义阵营国家的外宾 205 批，2384 人次。

1956—1958 年，苏联专家 A. M. 塔加也夫、B. P. 埃依谢尔特、C. A. 鲍得列斯应聘在第一机械工业部济南锻压研究所指导工作。专家共提出 110 条技术性建议，均被采纳。

按：自 1957 至 1958 年，青岛市先后遣送苏侨 9 人。总之，自 1954—1958 年，青岛市分批遣返苏侨（含眷属）180 人。其中根据本人意愿，有 14 人分别移居他国。有 10 人嫁给中国人为妻，其中有 9 人申请加入中国国籍。每一批苏侨离开青岛时，都受到了热烈欢送。第一批回国的苏侨还回电对青岛市人民表示谢意，并向"难忘的新中国致以热烈的致敬"。

1959年

5 月

4 日至 5 日　以弗多罗夫为首的苏联苏中友协代表团一行 7 人来济南参观访问。省委书记舒同和济南市委书记白学光会见了客人。

按：1959 年初，山东省有苏联研究生 1 人；有苏联侨民 1 人。

6 月

25 日　山东省人民委员会外事办公室在济南成立。

7 月

山东省有苏联侨民 5 人。

10 月

苏联专家希 O. K. 列昂捷夫、E. H. 涅维斯基到中国科学院海洋研究所参观、指导渤海湾与长江口海岸动力地貌调查研究，在山东半岛南北两岸分别进行了 10 天的研究指导，28 名省内外科研人员协同工作。

12 月

山东省外办共接待了苏、波、匈、民主德国、捷、罗、加拿大等国家的专家 195 人，其中常住专家 14 人。

1960年

2月

16日 以叶留金为团长的苏联苏中友协代表团一行5人,由中苏友好协会总会副秘书长戈宝权陪同来济南参观访问。

4月

23日至29日 25个国家的驻华使节一行65人,由外交部副部长曾涌泉陪同,来济南、曲阜、肥城、泰安参观访问。

1963年

山东省有苏联侨民6人。

1965年

1月

19日至21日 苏联驻华大使契尔年科及夫人等一行4人来济南参观访问。

5月

15日至26日 各国驻华使节一行60人,由外交部副部长韩念龙陪同,来济南、曲阜、泰安、青岛等地参观游览。

11月

17日至18日 山东省革委会举办了60人参加的外事工作学习班。

按:1958—1970年有8名外国文教专家在山东工作达一年时间。

1976年

据统计,1973—1976年外事工作的重点是做好济南、青岛两个城市的对外开放工作,把生产搞上去,使市容卫生、社会治安、交通秩序、商品供应等方面真正符合开放城市的要求。

1978年

5月

10日至14日 由外交部副部长张海峰陪同的第二批驻华使节92人来济南、胜利油田、淄博、泰安参观游览。

21 日至 25 日　由外交部部长助理曹春耕陪同的第三批驻华使节 91 人来胜利油田、淄博、济南和泰安参观游览。

27 日至 31 日　由外交部副部长仲曦东陪同的第四批驻华使节 83 人来胜利油田、淄博、济南和泰安参观游览。

1981年

12 月

3 日　由山东省外办牵头，召集了文教专家、留学生工作碰头会。

1982年

4 月

23 日至 25 日　山东省外办组织在山东高等院校工作的外籍教师、留学生 30 人赴菏泽地区参观游览。

7 月

25 日至 27 日　山东省外办与省教育厅在济南联合召开了全省外国文教专家、留学生工作座谈会。

9 月

29 日　山东省外办和济南市外办在济南南郊宾馆联合举办新中国成立 33 周年国庆招待会，驻济南的外国专家、文教专家和留学生 94 人参加了招待会。

12 月

9 日至 14 日　山东省外办在齐鲁石化公司召开了全省外国经济专家工作座谈会。

30 日　山东省人民政府在济南南郊宾馆举行新年招待会，驻济的外国友人、外国专家和外国留学生等 60 人应邀参加招待会。

1983年

5 月

20 日至 22 日　山东省外办和济南市外办联合组织驻济的外国经济专家、文教专家和留学生一行 50 人到淄博、胜利油田参观游览。

10 月

14 日至 15 日　山东省外办和济南市外办，在济南召开驻济外国专家、学者、留学生座谈会。驻济7所高等院校的领导和济南涉外单位等61人参加了会议,外交部办公厅及国家外专局的领导人到会并讲话。

1984年

4月

3日至12日　山东省外办和教育厅联合组织对全省11所高等院校的外国专家工作进行了巡回检查。

27日至29日　山东省外办、济南市外办与省委宣传部、省教育厅联合组织在山东工作、学习的部分外国专家、留学生去菏泽地区和济宁市参观游览。

9月

9月28日至10月1日　山东省外办组织外国专家、留学生参观山东省工业展览馆、山东省农业展览馆、机床二厂,游览大明湖。

30日　山东省人民政府、济南市人民政府及省、市外办在济南联合举办庆祝中华人民共和国成立35周年招待会。在济南的外国经济专家、文教专家、留学生以及来济南参观、旅游的外宾等约400余人参加了招待会。

10月

7日至9日　以苏中友协第一副主席齐赫文斯基为团长的苏联对外友协、苏中友协代表团一行3人来曲阜、泰安参观访问。

27日至30日　参加中苏第五轮磋商的苏联政府特使、外交部副部长伊利切夫一行15人,由外交部副部长钱其琛等陪同来济南、曲阜、泰安参观游览。

1985年

2月

2月15日至3月1日　山东省外办和济南市外办联合组织驻济各企业、高等院校、外国经济专家4人,文教专家10人,留学生5人,到上海、广州、桂林等地参观游览。

5月

25日至28日　山东省外办和济南市外办联合组织驻济外国专家、留学生一行20人到临沂、枣庄等地参观游览。

12月

29日　山东省外办和省青联共同举办中外青年和学生新年游艺联欢活动,

有十几个国家 100 余名留学生参加。

山东省有 12 所高等院校先后聘请外国文教专家 93 人，外籍教师 19 人。

1986年

3～4月

3月30日至4月2日　山东省外办组织在济南工作的外国经济、文教专家一行 42 人，到淄博、潍坊参观游览并参加第三届潍坊国际风筝会。

9月

29日　山东省外办在济南南郊宾馆举行国庆招待会，招待驻鲁外国专家，并组织参观游览活动。

1987年

4月

25日至26日　山东省外办组织驻鲁外国专家、留学生一行 53 人赴菏泽、梁山参观游览。

5月

18日至21日　潍坊市人民对外友好协会召开成立大会，并产生第一届理事会。

6月

13日　济南市人民对外友好协会成立。

8月

18日至20日　以中苏第二轮边界谈判的苏联代表团团长罗高寿一行 22 人，由中国政府代表团副团长、外交部苏欧司司长戴秉国等陪同，来青岛参观访问。

9月

28日　山东省人民政府和济南市人民政府及省、市外办在济南联合举行国庆招待会，100 多位外国专家出席招待会。

11月

2日　济宁市人民对外友好协会成立。

12月

30日　山东省外办在济南齐鲁宾馆举行中外人士座谈会，常驻济南的外国专家及留学生代表 60 余人参加了会议。

同天，山东省外办和济南市外办联合在济南齐鲁宾馆举行新年招待会，招待驻济的外国专家、留学生及进修生代表。

1988年

4月

26日至27日　山东省外办组织驻济南的部分外国专家13人赴菏泽市观看牡丹。

6月

16日　烟台市人民对外友好协会召开成立大会及首届理事会。

8月

13日　东营市人民对外友好协会成立。

9月

21日　淄博市人民对外友好协会成立。

12月

1日　威海市人民对外友好协会第一届理事会正式成立。

20日　泰安市人民对外友好协会成立。

30日　山东省外办在济南南郊宾馆举行新年招待会，驻济外国专家及留学生代表100余人参加了招待会。

1989年

9月

9日　山东省外办和省教委在济南南郊宾馆联合举行庆祝教师节外国文教专家招待会。出席会议的有苏联、加拿大、英国等8个国家在省内10所高校任教的专家和教师35人。

10月

29日　以苏联副外长罗高寿为团长的参加第四轮中苏边界谈判的苏联政府代表团一行22人，在外交部副部长田曾佩陪同下来山东威海市参观访问。

自本年度起，山东科技大学与俄罗斯库兹巴斯国立技术大学建立友好合作关系。

1990年

4月

10日　日照市人民对外友好协会成立。

4月27日至5月5日　苏联中央电视台摄影组一行2人乘船自大连抵青岛采访拍片。采访了青岛市长俞正声，了解青岛经济政策、对外开放、与苏联的经济友好交流情况。采访了青岛电视机厂、青岛啤酒厂及市民生活。摄影组还在济南、曲阜进行了采访。

6月

19日　中国、美国、苏联和民主德国四国跳水对抗赛今日起在济南举行，为期4天。

8月

10日　枣庄市人民对外友好协会成立。

1991年

5月

山东矿院学院与俄罗斯库兹巴斯工学院建立友好院校。

7月

山东工艺美术学院与俄罗斯列宾绘画雕刻建筑学院建立友好院校。

12月

28日　山东省人民政府在济南南郊宾馆举行新年招待会，热情款待驻济170多名外国专家、工程技术人员和留学生代表。

山东省经济研究中心，1991年以前共聘请外国专家7人，分别来自美国、苏联、荷兰。

山东省有31所大专院校和省体委等单位聘美国、英国、俄罗斯等12个国家的专家82人，教师38人。

山东大学，1978—1991年，共聘请外国专家94人，分别来自美国、日本、苏联、英国等国。1980—1991年，接受外国留学生1000余名，分别来自苏联、土耳其、蒙古、德国等国。

华东石油大学，1980—1991年，共聘请外国专家168人，分别来自美国、加拿大、英国、苏联等国。1991年以前，招收苏联留学生4名。

山东矿业学院，1982—1991 年，共聘请外国专家 32 人，分别来自英国、美国、俄罗斯。1990 年招收 6 名苏联留学生。

山东科技大学与俄罗斯库兹巴斯国立技术大学于 1991 年签署首轮校际合作协议。

青岛海洋大学与俄罗斯列宁格勒水温气象学院于 1991 年建立友好院校。

1992年

12 月

中俄两国政府签署了《中华人民共和国政府和俄罗斯联邦政府文化合作协定》，该协定对中俄教育等领域的交流与合作做出了最初协定，提出要互派专家学者，提供奖学金，签订学位学历互认协议，建立高等院校直接联系，互换教科书，互相学习对方语言等。山东省亦遵守此协定大力开展相关工作。

本年度，烟台企业首次对俄罗斯进行投资。

1993年

4 月

7 日至 12 日　由山东大学和枣庄市台儿庄共同主办的纪念台儿庄大战 35 周年国际学术研讨会在枣庄市召开。参加会议的有来自美国、加拿大、意大利、西班牙、俄罗斯等国家和地区的 114 名代表。

11 月

16 日至 26 日　以副省长王玉玺为团长的山东省友好经贸代表团一行 10 人访问俄罗斯。

1994年

4 月

4 月 30 日至 5 月 5 日　应中国国际交流协会的邀请，以俄罗斯科学院汉学家协会名誉主席、俄中友协主席谢尔盖·列昂尼德维奇·齐赫文斯基院士为团长的俄罗斯汉学家代表团一行 4 人，赴济南、青岛、曲阜市参观访问。

本年度，济南市与俄罗斯下诺夫哥罗德市建立友好城市关系，这是山东省对俄缔结的第一对省级友城。

1995年

6月

中俄两国签订了《中华人民共和国政府和俄罗斯政府关于相互承认学历、学位证书的协议》，按照协议，中国高中生或获得职业高中、中专、成人教育和自学考试毕业证书者，均可申请留学俄罗斯高校。

1997年

青岛大学校长一行访问俄罗斯新西伯利亚大学。

1999年

青岛大学正式与俄罗斯联邦教育部属的坦波夫国立大学建立友好校际关系。

2001年

俄罗斯坦波夫国立大学国际合作副校长与外事处处长访问青岛大学，两校签署了合作备忘录。

2002年

10月

30日 俄罗斯坦波夫国立大学与青岛大学签署了人员交流协议，并在同年得以实施。

2003年

临沂大学与俄罗斯高校间的合作交流始于2003年，先后与俄罗斯图拉国立师范大学、符拉迪沃斯托克国立经济与服务大学、东北联邦大学、弗拉基米尔国立大学、别尔哥罗德国立工艺大学等8所签署校级协议。

2004年

9月

山东交通学院副院长徐晓红一行访问俄罗斯罗斯托夫国立建筑大学，签署了《山东交通学院与罗斯托夫国立建筑大学友好合作交流协议书》。

自 2004 年起，青岛农业大学与俄罗斯圣彼得堡国立农业大学、俄罗斯农科院西北农业工程与电气研究所和俄罗斯农业工程中心建立了友好互访关系。

2005年

11 月

中俄政府签署了《中华人民共和国政府和俄罗斯联邦政府关于在俄罗斯联邦学习汉语和在中华人民共和国学习俄语的协议》。

"山东省—俄罗斯科技合作中心"于本年度在山东科技大学正式挂牌成立。

2006年

10 月

青岛滨海学院与俄罗斯圣彼得堡国立大学建立国际合作关系，已开启两校间互派留学生项目。

11 月

中俄两国教育部达成的《中华人民共和国教育部与俄罗斯联邦科学教育部教育合作协议》对中俄两国在教育领域合作的具体内容进行了详尽的规定。

2005—2006 年，山东交通学院与罗斯托夫国立建筑大学两校培养联合培养学生赴俄攻读硕士学位的项目进展顺利。

2007年

7 月

根据中俄双方协定，将中俄教文卫体合作委员会改为中俄人文合作委员会，以涵盖更多的领域。

10 月

山东工商学院副院长孙祥斌率有关人员出访俄罗斯，先后访问了俄罗斯科学院远东研究所、奥廖尔工业大学，并分别签署了全面合作协议和联合研究协议。同时，山东工商学院领导一行还先后参观了莫斯科大学和圣彼得堡大学。

11 月

7 日至 14 日 山东交通学院院长冯晋祥一行赴俄罗斯高校进行考察访问。在俄罗斯国立远东交通大学考察时，双方签订了《中国山东交通学院与俄罗斯远东国立交通大学"2+2""3+3"项目互派教师协议》。在莫斯科汽车公路学院访问期间，签署了《莫斯科汽车公路学院（即国立技术大学，俄罗斯联邦）与山东交通学院（中华人民共和国）合作合同之补充协议》。在罗斯托夫国立建筑大学，签署了《中国山东交通学院与俄罗斯罗斯托夫国立土木工程大学"1+3""3+3"教育合作协议书》。

12月

山东大学与俄罗斯人民友谊大学于2007年12月签署了两校联合培养研究生协议。

2008年

9月

20日至21日　由山东工商学院和俄罗斯科学院远东研究所联合主办，山东工商学院经济学院承办的"中俄改革：回顾与展望"国际研讨会在山东工商学院新建成的学术会堂隆重召开。来自俄罗斯科学院远东研究所、奥廖尔国立工业大学、赤塔国立大学以及中国社会科学院、复旦大学、山东大学、上海财经大学、《国际社会科学》《中国人口资源与环境》《山东社会科学》等国内外30多所高校、研究机构和学术期刊的80余位专家学者参加了此次研讨会。会上，山东工商学院院长刘全顺教授和俄罗斯科学院远东研究所副所长奥斯特洛夫斯基教授致辞并为双方联合成立的"中俄经济与政治研究中心"揭牌。

11月

经教育部批准，山东大学与俄罗斯人民友谊大学成立了中俄联合研究生院。

本年度，青岛农业大学与俄罗斯米丘林国立农业大学开展合作交流，引进了苹果抗寒矮化砧木B396、B118、B150。试验表明，引进砧木抗寒性突出、抗病性强，对嫁接品种矮化效果好、产量高、品质优，在我国苹果栽培最适区和北部、西北部冬季寒冷苹果产区具有巨大的应用价值。

本年度，山东省与俄罗斯联邦托木斯克州政府签署了《山东省人民政府与托木斯克州政府友好与全面合作协议实施纪要》。

山东省与鞑靼斯坦共和国自2008年正式建立省级友好关系。

2009年

5月

青岛滨海学院与俄罗斯西伯利亚国立交通大学自签订合作协议，双方以经济学专业学生"2+2"项目为重点。

2010年

山东女子学院与俄罗斯新西伯利亚国立师范大学签署校际交流合作协议，拉开了与俄罗斯高校的交流与合作。

本年度，济南市外国语学校于与俄罗斯下诺夫哥罗德第67中学建立友好学校。

2011年

10月

18日至20日 俄罗斯联邦教育与科学部国际合作司副司长米纳耶夫先生为团长的高等教育代表团一行22人被中国教育国际交流协会邀请，由俄中文化教育发展基金会组织，于2011年10月14至23日来华参加第十二届中国国际教育展，期间于10月18日至20日前往山东省访问。

由青岛大学与圣彼得堡国立大学联合申报，山东省科技厅批准建设山东省国际（港澳台）科技合作平台"山东省中俄运筹与管理合作研究中心"。

山东女子学院与俄罗斯同和彼尔姆国立大学签署校际交流合作协议。

2012年

10月

2004—2012年，国际田间试验机械化协会（IAMFE）国际总部设在俄罗斯圣彼得堡国立农业大学；2012年10月至今，国际田间试验机械化协会（IAMFE）国际总部设在青岛农业大学。

中俄签署的《中俄人文合作行动计划》，提出到2020年两国互派留学学生人数要达到10万人。

2013年

2~3月

济南市杂技团在此时段分别赴西班牙、俄罗斯、蒙古等国家参加国际比赛，荣获俄罗斯第六届伊热夫斯克国家杂技节"银熊奖"。山东大学民乐团赴俄罗斯参加新西伯利亚"2013之季"国际音乐节。

6月

山东交通学院书记李军出访俄罗斯，签署《山东交通学院与俄罗斯罗斯托夫国立建筑大学合作举办工程管理（土木工程管理）专业本科项目协议书》。

7月

23日至26日 "俄罗斯文学：传承与创新"国际学术研讨会暨中国俄罗斯文学研究会2013年年会在山东大学威海国际学术中心举行。来自中国、俄罗斯、日本、英国、塔吉克斯坦五个国家的127位代表参加，收到论文108篇。会议期间，有16位代表在大会上进行主题发言，74位代表在分组会议上发言。学者紧紧围绕俄罗斯文学的"传承与创新"这一主题，结合"比较文学视野下的俄罗斯文学研究""俄罗斯文论与作家作品""俄罗斯文学经典重读""诺贝尔文学奖与俄罗斯文学"和"宗教与俄罗斯文学"等议题作了分组研讨，就各自研究的重点和俄罗斯文学研究的热点深入地交换了意见，其中既有对经典文本的细致解读，也有对俄罗斯文学理论的阐释与探究，有对俄罗斯诺贝尔文学奖获得者及其作品的梳理，也有比较文学视野下的具体文本分析、学理思考和经验总结。会议探究了全球化语境下我国俄罗斯文学研究的传承与创新，展示了俄罗斯文学研究的中国力量与特色，同时，也极大地增强了世界各国俄罗斯文学研究专家之间的学术交流，推动了中俄两国文学研究的健康发展。

9月

27日至28日 第六届世界儒学大会在孔子故里曲阜隆重召开。来自俄罗斯、美国、日本、韩国等14个国家和地区、60个儒学研究机构与学术团体的120位专家学者围绕"儒家思想与当代社会建设"主题进行了深入研讨与广泛对话。

10月

山东省邀请俄罗斯雅各布森芭蕾舞团参加"十艺节"演出。在济的6场演出一票难求，许多观众慕名而来。看过原汁原味的《天鹅湖》后，现场观众大呼"震撼、过瘾"。

本年度，中俄著名经济类高校共同打造了"中国与俄罗斯经济类大学联盟"，山东财经大学为联盟创始高校之一。

2014年

4月

11日 山东省政府与俄罗斯科斯特罗马州在济南举行工作会谈。省委副书记、省长郭树清，科斯特罗马州州长西特尼科夫出席座谈会。

7月

25日　来自俄罗斯、乌兹别克斯坦等五国联合马戏杂技嘉年华在济南开幕。

自2014年起，中国海洋大学开办俄罗斯远东联邦大学语言培训项目，至今已培养135名学生赴俄罗斯远东联邦大学学习。

2015年

7月

山东交通学院国际教育学院院长商岳出访俄罗斯罗斯托夫国立建筑大学，被授予荣誉教授称号。

自2015年起，中国石油大学（华东）有45名学生获得赴俄乌白专业人才培养计划项目国家公派资格，赴莫斯科罗蒙诺索夫国立大学、古勃金大学等俄罗斯高校进行攻读硕士学位研究生的学习；有37名学生获得俄罗斯互换奖学金项目国家公派资格，赴莫斯科国立师范大学、圣彼得堡国立大学、国立普希金俄语学院等俄罗斯高校进行本科插班生、联合培养硕士研究生的学习。

山东农业大学与米丘林斯克国立农业大学建立校际合作关系，签署合作谅解备忘录。

青岛市科学技术局批准设立青岛市国际科技合作基地"青岛市中俄博弈科学与工程联合研究中心"。

山东女子学院党委书记郭翠芬访问俄罗斯彼尔姆国立大学。

山东畜牧兽医职业学院与俄罗斯沃罗涅日国立农业大学签订友好合作协议，联合开展师生交流、教师培训、科研合作等合作。

俄罗斯沃罗涅日国立农业大学副校长尤里访问山东劳动职业技术学院。

自2015年起，烟台市与顿河河畔罗斯托夫市在经贸、技术、人才等领域开展交流，烟台高新区还与顿河国立技术大学签订了"中俄国际技术转移中心"合作协议。

2016年

7月

山东交通学院与俄罗斯顿河国立技术大学成立"顿河学院申报筹备联合组"。

9月

俄罗斯顿河国立技术大学访问山东交通学院进行教学项目调研。

山东省新闻文化代表团到托木斯克州参观采访，双方就山东省与托木斯克州的经贸、文化往来情况进行深入交流。

在济宁市文物局策划推出的"一带一路"孔孟故里文博世界行巡展活动中，浓缩着济宁文物精髓的《汉画像石上的孔子——济宁汉碑汉画像石拓片展》首次亮相俄罗斯塔甘罗格市，一座因诞生文学巨匠契科夫而名扬世界的俄罗斯历史文化名城。

自2016年9月起，山东第一医科大学（山东省医学科学院）与莫斯科州国立大学开展合作办学。合作形式包括"1+3"模式，即我校（院）学生在大三到莫州大插班学习一年；"2+2"模式，即学生前两年在我校学习，后两年到莫州大学习，毕业时获得两校本科双学位；"4+2"模式，我校（院）学生毕业到莫州大攻读硕士研究生。受疫情影响，"1+3"和"2+2"模式的在校生交流合作受阻。"4+2"模式仍在进行，2021年9月校（院）从俄语专业本科学生中选拔11名同学拟于2022年赴莫州大读研。

10月

俄罗斯顿河国立技术大学代表谢尔盖参加山东交通学院60周年校庆。

自2016年起，山东农业大学每年有3～4名学生通过国家留学基金委中俄政府奖学金项目赴俄罗斯圣彼得堡国立大学、普希金俄语学院等知名高校插班学习或攻读硕士研究生。

自2016年起，山东女子学院俄语专业共26名学生前往俄罗斯彼尔姆国立大学进行"2+2"双学位交流学习，多名俄语专业教师赴俄罗斯访学或修读博士学位。

2016年秋季，青岛滨海学院与俄罗斯西伯利亚国立交通大学开始了首批学生互换学习。

俄罗斯季米利亚泽夫国立农业大学代表团访问山东农业大学，商讨合作与交流事宜。

山东劳动职业技术学院党委书记曲国庆一行4人赴俄罗斯沃罗涅日国立农业大学交流访问，推动校际合作项目的开展。

2017年

5月

18日 国际博物馆日到来之际，济宁市博物馆迎来《"一带一路"跨文化的对话——俄罗斯文化与契诃夫生平展》。本次展览由俄罗斯塔甘罗格市博物馆协会与济宁市博物馆联合主办，是济宁在俄罗斯塔甘罗格市举办《汉画像石上的孔子——济宁汉碑汉画像石拓片展》后的回访展。在济宁市博物馆一楼展厅的中央展柜中，摆放着诸如套娃、八音盒、彩蛋等极具俄罗斯风情的展品。本次展览主要展出反映俄罗斯传统文化和民俗风情的传统工艺品，以及当地孩子们制作的手工艺品共65件、图片70余幅，还有反映契诃夫生平和事业的文物复制品。山东科技大学与俄罗斯人民友谊大学于本月建立了友好合作关系。

6月

22日 烟台与俄罗斯城市签署友好协议，将多方面开展合作，烟台的友好城市"朋友圈"再添新成员。

7月

23日至27日 山东商务职业学院人员赴俄罗斯顿河国立技术大学及罗斯托夫国立大学进行学习考察，与俄罗斯顿河国立技术大学现场签订两校姊妹校框架战略合作协议。

山东交通学院与俄罗斯顿河国立技术大学签署了《关于山东交通学院顿河学院申报材料的整改方案》。

8月

19日至21日 由山东出版集团主办的中国·山东"一带一路"图书版权贸易洽谈会上，俄罗斯道统东方文学出版社、尚斯国际出版集团等3家俄罗斯出版机构参展，并达成了一些版权合作，自此展开了密切合作。

山东交通学院书记孙秀丽一行访问俄罗斯顿河国立技术大学。

9月

13日 作为中俄人文交流机制的系列配套活动，中俄综合性大学联盟成立大会暨中俄大学校长论坛在深圳举行。山东大学成为中俄综合性大学联盟创始成员院校。大会通过了《关于成立中华人民共和国与俄罗斯联邦综合性大学联盟的共同宣言》和《中国俄罗斯综合性大学联盟章程》。

自2017年起，山东科技大学与俄罗斯库兹巴斯国立技术大学合作，两校化工学院启动交换生交流项目。

中国青岛大学与俄罗斯坦波夫国立（杰尔扎文）大学签署合作协议。

西北农林科技大学与俄罗斯奥姆斯克国立农业大学共同发起成立了中俄农业教育科技创新联盟，山东农业大学是成员单位之一。

青岛大学数学与统计学院推荐申报的俄罗斯团队项目成功入选首批山东省"外专双百计划"项目，其主要成员包括圣彼得堡国立大学应用数学与控制过程系的 Elena Parilina 和 Artem Sedakov 教授。

潍坊寒亭一中邀请俄罗斯教育代表团来学校交流、参观、访问。

10 月

山东财经大学承办了"中国与俄罗斯经济类大学联盟"第五届年会暨"一带一路"经济发展论坛。借助这一平台，该校积极拓展与联盟成员间的合作，与俄罗斯圣彼得堡国立经济大学、普列汉诺夫经济大学、联邦政府财政金融大学、西北管理学院（俄罗斯总统直属国民经济与行政学院分院）、西伯利亚联邦大学、太平洋国立大学 6 所俄罗斯成员高校建立了校际友好关系，并建立了教学与研究平台，在学生交换、寒暑期夏令营、教师互派授课、合作科研、共同培养高端人才等方面开展了实质性的合作，取得了良好的效果。

山东交通学院与俄罗斯顿河国立技术大学在北京参加顿河学院申报专家集中评议答辩。

俄罗斯顿河国立技术大学第一副校长、分管外事副校长及外事处长一行访问山东交通学院，并就顿河学院下一阶段整改工作达成共识。

2018年

6～7月

山东交通学院举办"筑梦交大，扬帆远航"中俄国际夏令营活动。

8月

由中国岩石力学与工程学会、俄罗斯科学院西伯利亚分院、俄罗斯科学院远东分院、俄罗斯远东联邦大学等单位主办，山东科技大学、山东大学、山东省土木工程防灾减灾重点实验室、山东岩石力学与工程学会、山东省矿山灾害预防控制省部共建国家重点实验室培育基地等单位承办的"第七届中俄深部岩石动力学高层论坛"在山东科技大学举行。中俄两国40余家高校和科研院所的180多位领域内知名专家出席论坛。

9 月

11 日至 20 日　青岛大学党委书记胡金焱一行访问圣彼得堡大学和新西伯利亚国立大学期间，就人才联合培养、科研团队共建等实质性合作进行深入商讨，揭牌成立离岸创新基地：青岛大学数学与系统科学研究院（圣彼得堡）和青岛大学数学与系统科学研究院（新西伯利亚）。

10 月

山东科技大学与俄罗斯人民友谊大学针对学生联合培养、教师互访、科研合作等事宜进行了磋商，达成了多项共识，共同签署了《中国山东科技大学与俄罗斯人民友谊大学科研教学合作协议》。

11 月

24 日　首届中俄留学国际教育交流会，在山东省济南市历下区成功举办。

首届中俄留学国际教育交流会，在山东省济南市历下区成功举办。俄方来宾有俄罗斯伊尔库茨克国立理工大学校长米哈伊尔·卡尔尼科夫，副校长德米特里·萨夫金，校长助理夏文静博士，伊尔库茨克国立理工大学中国服务中心负责人刘亚东博士，主任魏国庆等。参加本次会议的单位有各高等院校、教育机构、普通高中等 100 余家。

12 月

5 日至 9 日　曲阜师范大学校长张洪海应邀率团赴俄罗斯赫尔岑国立师范大学和国立秋明大学进行交流访问。

在全国博士后管委会办公室组织开展的 2018 年度"博士后国际交流计划"引进项目申报工作中，由高红伟推荐，青岛大学系统科学博士后科研流动站拟引进的圣彼得堡国立大学应用数学与控制过程系青年教师 Petrosian O. 成功入选，博士后合作导师为高红伟。

自 2018 年起，中国石油大学（华东）分别与古勃金大学、乌法石油科技大学、彼尔姆国立大学等俄罗斯高校签署协议，共建石油能源联合实验室。

圣彼得堡国立大学应用数学与控制过程系与青岛大学数学与统计学院签署院系合作协议。

济南大学聘请俄罗斯 2 名教师来校任教，在校内举办了高尔基肖像画大师班。

枣庄学院接待俄罗斯圣彼得堡国立师范大学来访，与该校达成包括教师深造、学生交换、升学，科研成果交流、共享等议题在内的合作共识。同年，枣庄学院党委书记曹胜强率团赴俄罗斯交流访问，与伏尔加格勒国立大学和莫斯科国立师范大学达成了合作共识并签署合作协议；与俄罗斯中俄人文发展合作中心达成合作共识，并聘请该中心主任尹斌博士来校担任中俄教育科技文化交流中心主任；促进枣庄市与俄罗斯等国家城市开展经济、教育、科技、文化等领域的交流与合作。

潍坊寒亭一中有12名学生报考俄罗斯名校，多人获得公费留学资格。

2019年

1月

14日 教育部发布《关于同意设立山东交通学院顿河学院的函》（教外函〔2019〕7号）。

年初，山东财经大学成立了"新兴经济体研究中心"，邀请来自俄罗斯、捷克、波兰等国家的专家和学者进行学术交流。

3月

山东交通学院国际教育学院院长商岳、副院长刘春光出访俄罗斯顿河学院国立技术大学。

4月

23日 为庆祝中俄两国结好70周年，落实山东省在中俄地方合作年框架内交流合作计划，山东省联合俄罗斯列宾美术学院、圣彼得堡美术家协会、俄罗斯鞑靼斯坦共和国文化部、车里雅宾斯克州文化部，共同组织10位俄罗斯著名画家于4月23日至5月7日来鲁进行油画写生创作，并举办了"印象山东——俄罗斯油画家写生作品展"活动。

5月

5日 山东省外办党组书记蔡先金在济南会见俄罗斯画家代表团。蔡先金首先欢迎各位俄罗斯画家来鲁参加由省外办和省文旅厅联合举办的俄罗斯油画艺术家山东写生创作活动，并对艺术家们的辛勤创作表示赞赏。他向代表团介绍了山东省经济社会发展情况，与各位艺术家探讨了今后推动双方文化艺术领域交流合作的相关举措和建议。俄罗斯画家对山东省改革开放40周年取得的成就表示赞叹，并愿意作为中俄友好使者，促进两国文化艺术交流。

6日 副省长于杰在蔡先金等陪同下在山东美术馆出席"印象山东——俄罗斯油画家写生作品展"开幕式。展览展出了俄罗斯画家此次来鲁写生的90多幅油画，作品描绘了俄罗斯艺术家印象中的山东，增进了双方文化艺术界间交流合作。

8日 省外办副主任李永森在济南与俄罗斯列宁格勒州经济发展局局长谢尔盖耶夫一行举行了工作会谈。省工信厅、生态环境厅、畜牧局等部门和有关企业负责人出席了会谈。双方代表就推进畜牧养殖废物处理、环保设备生产等领域合作进行了具体对接和深入交流。

15日 省外办举行仪式，党组书记蔡先金接受俄罗斯油画艺术家代表团向省外办赠送的"印象山东—俄罗斯油画家写生创作活动"10幅精品画作。这些作品是各位艺术家在济南、曲阜、台儿庄、青岛等地写生创作的精品。这些作品从艺术视角展现了山东历史文化、人文风物、社会面貌和发展成就，有助于我们加深对俄罗斯绘画艺术的理解和认识。蔡先金强调，山东—俄罗斯画家互访写生创作活动，作为中俄地方合作年框架内的交流合作计划项目，今后要继续做好，要总结经验，坚持做实做细做精，促进双方文化艺术界合作，推动人文交流，增进中俄人民的彼此了解，深化友谊。俄罗斯圣彼得堡华人华侨联合会副会长、中俄油画协会副秘书长宋锐介绍了俄罗斯油画艺术家在鲁写生创作活动的有关情况。

16日至19日 山东烟台高新区航空航天产业发展推进中心工作人员参加重庆国际博览中心举行的西洽会，与俄罗斯萨马拉州首府第一副州长库德里绍夫·维克拉·弗拉季斯进行了对接交流。萨马拉是俄罗斯航空航天领域的科教中心、生产中心，拥有萨马拉国立航空航天大学，该大学以生产运载火箭、卫星、飞机和各种发动机著称，双方在通用航空产业方面进行了意向对接，拟将其大学分校落户山东烟台金山湾新区。

6月

18日 副省长于杰、省政协副主席王艺华等在济南市长清区出席了山东交通学院顿河学院成立大会暨揭牌仪式。俄罗斯罗斯托夫州立法议会主席伊辛科、第一副州长古西科夫、俄罗斯教科部驻华代表波兹尼亚科夫等外方代表出席了活动。

顿河学院是经教育部批准设立的，由山东交通学院与俄罗斯顿河国立技术大学合作举办的中外合作办学机构。顿河学院将充分引进俄方乃至全球优秀师资、核心课程和教学模式，实现科研、教学、产业国际化融合协同发展，培养复合型国际化人才。

6月24日至7月3日 山东省总工会党组书记、常务副主席刘贵堂率山东省工会联合会代表团应邀于2019年6月24日至7月3日对挪威、丹麦、俄罗斯进行了工会工作友好交流访问。其中代表团一行与俄罗斯诺夫哥罗德州工会联合会、圣彼得堡化学工会联合会进行了深入交流，广泛宣传新时代中国特色社会主义思想，充分讲好中国故事、中国工会故事，详细介绍了山东经济社会发展情况及工会工作有关情况，并就持续扩大交流交往、不断拓展职工技能培训和领域范围、加强职工权益双向维护等事宜交换了意见。

7月

23日 山东省齐鲁群星合唱团与俄罗斯莫斯科华星艺术团共同庆祝中俄建交70周年交流访问演出在莫斯科中国大饭店隆重举行。

8月

17日至21日 山东济南市吕剧院文化交流艺术团一行16人，先后赴俄罗斯下诺夫哥罗德市、莫斯科市开展文艺交流演出。

9月

3日至9日 山东出版集团由党委书记、董事长张志华带队，组织旗下10家出版机构和1家发行机构参加莫斯科国际书展，举办"一带一路"图书版权贸易洽谈会走进俄罗斯活动及相关文化艺术活动，以促进中俄出版界、文化界、艺术界的沟通、交流与合作。山东财经大学"新兴经济体研究中心"成功举办了第一届年会，中俄两国的相关专家受邀参会并作主题报告，会上两国专家就欧亚大陆经贸合作进行了深度交流。

11月

18日 山东省外办副主任孙业宝在济南会见了俄罗斯国立师范大学副校长谢尔盖·马霍夫一行。孙业宝对代表团来访表示欢迎，并介绍了山东经济社会和文化教育发展情况。他指出，俄罗斯国立师范大学是俄罗斯最古老的高等学府之一，在全球教育领域学科研究中也一直保持领先水平，希望今后双方加强互动交流，推动与聊城大学等我省高校在联合办学、教师培训、留学生交流等领域务实合作，为进一步密切中俄人文交流合作贡献力量。代表团一行在鲁期间访问了聊城大学和济宁市相关院校，洽谈具体教育合作项目。

12月

5日 "2019德州—中俄生物物理前沿交叉合作论坛"在德州学院开幕。

自2019年起，有31名来自彼尔姆国立大学、彼尔姆科研理工大学、乌法石油科技大学的在校学生在中国石油大学（华东）地质学、汉语言文学、汉语言课程进行学习。

2018年至2019年，济南大学文学院教师张云受俄罗斯国立圣彼得堡大学邀请，两次访问该校进行科研合作，并完成其课题项目《俄罗斯圣彼得堡大学馆藏汉典编目》。

彼尔姆科研理工大学的师生们来中国石油大学（华东）参加了中国石油大学（华东）组织的语言文化夏令营。

青岛获批建设全国首个"中国—上海合作组织地方经贸合作示范区"，该示范区是国际合作的新平台，也是青岛国际化建设的制高点。

枣庄学院与俄罗斯伊尔库斯克国立大学联合开展了学历提升项目。

9日　由俄罗斯孔子文化促进会主办的俄罗斯与齐鲁文化交流会在山东省举办。

2020年

1月

9日　山东省正式设立胶州、临沂综合试验区。胶州试验区以胶州湾国际物流园为核心，以上合示范区、临空经济示范区、经济技术开发区、大沽河省级生态旅游临沂试验载体，覆盖胶州市全域，着力发展多式联运，提升贸易投资水平，探索金融创新模式，深化人文交流合作，打造国际多式联运物流大通道、贸易制度创新试验区、国际产能合作引领区和国际贸易金融中心。临沂试验区以兰山区为主要试验区域，以临沂商城为主要试验载体，以平台建设、通关便捷、产能合作、人文交流为重点，打造国际物流区域性枢纽、国际贸易创新性高地、国际产能合作示范基地、国际人文交流合作平台。

2月

3日　青岛出台《关于在中国（山东）自由贸易试验区青岛片区开展"证照分离"改革优化营商环境的实施方案》。该方案在推进自贸区"证照分离"改革、优化营商环境等多方面提出17条举措，对涉企经营许可事项分别采取取消审批、审批改备案、实行告知承诺和优化审批服务四种方式进行改革。

12日　上海合作组织秘书长弗拉基米尔·诺罗夫致山东省委书记刘家义信函，就抗击新冠肺炎疫情向山东省表示诚挚慰问和坚定支持。

5 月

11 日　山东举行重点外商投资项目视频集中签约仪式，仪式以"主会场＋分会场＋投资方视频连线"的方式进行。此次共集中签约重点外商投资项目 92 个，总投资 99.7 亿美元。投资来源地主要包括美国、日本、韩国、新加坡等 18 个国家和地区。

19 日至 20 日　德州学院和俄罗斯别尔哥罗德国家研究型大学联合主办的"生命科学创新发展"国际研讨会成功举办。本次研讨会通过远程视频会议的形式汇集了亚美尼亚、匈牙利、德国、哈萨克斯坦、中国、荷兰、俄罗斯、罗马尼亚、塔吉克斯坦、乌兹别克斯坦、乌克兰和捷克共和国等 12 个国家 125 位知名专家学者，在七个分论坛中他们分享了各自在遗传学、生物技术、药理学、兽医和食品技术等领域的最新成果。此次国际会议，是中外高校适应当前疫情背景下，通过在线研讨形式举办的高规格、高水平学术会议。会议的成功举办对加强世界各国专家深入合作、增进交流，共同维护世界公共卫生安全具有重要意义。

6 月

15 日　省外办副主任孙业宝在济南会见了丝绸之路经济联盟主席、华和国际商务咨询公司董事长刘传武，探讨交流了推动山东省与俄罗斯、中亚等上合组织国家在经贸、友城、农业机械、中小企业走出去、青年交流等领域开展合作的工作设想和措施建议，以全面支持中国—上合地方经贸合作示范区建设。

7 月

7 月 14 日至 8 月 8 日　由山东省外办策划在省内主要媒体大众日报和省电视台设立"驻华大使话山东"专题栏目，邀请 20 位国家驻华大使或总领事发表署名文章，全面回顾与我友好交往历史、展望未来合作前景，推动各领域合作走向深入，产生广泛积极影响、取得综合多元效应。该活动被中国日报、人民网、凤凰网等 20 余家媒体推送，网络平台点击量超过 1.2 亿次，总覆盖用户达 0.8 亿人次。

8 月

11 日　由山东省人民政府外事办公室与山东省教育厅联合举办的"相约上合"山东—俄罗斯教育交流合作对话会暨中俄（山东）教育国际合作联盟成立大会在济南隆重开幕。会议旨在搭建山东省与俄罗斯教育界共话友谊、共商合作的高端平台，正式成立中俄（山东）教育国际合作联盟，为双方学校开展友好交流牵线搭桥。俄罗斯19所知名高校、职业院校和中学负责人，与山东省251所高校、职业院校、教育局及中学负责人共同参加了活动，中外双方共约600人通过线下和线上方式出席会议。俄罗斯联邦总统文化事务顾问、著名俄罗斯大文豪列夫·托尔斯泰玄孙、国际俄罗斯语言和文学教师协会主席弗拉基米尔·伊里奇·托尔斯泰在线出席会议并致辞，表达了对会议举办的祝贺并希望山东省与俄罗斯在教育领域的合作不断取得新进步。俄罗斯驻华使馆一秘波兹尼亚科夫也在会上致辞，欢迎更多山东学校与俄罗斯学校开展友好交流合作，共同为中俄关系发展贡献力量。会上正式开启了中俄（山东）教育国际合作联盟。该联盟致力于广泛汇聚中俄优质教育资源，培养国际化复合型高素质人才。该活动是在全球疫情蔓延的特殊时期两国教育交流与合作的创新举措，对进一步推动山东与俄罗斯教育全方位交流与合作具有重要意义。

18日 山东—俄罗斯鞑靼斯坦共和国重点产业对接交流会在济南以视频连线方式举行，深挖山东与鞑靼斯坦共和国在经贸、石油化工、家电产业、信息技术等重点产业领域的合作潜力。自2008年山东与鞑靼斯坦共和国正式建立友好关系以来，双方在各领域的交流合作取得了丰硕成果。"本次交流会是山东省外办'相约上合'友城合作篇框架内的重要交流活动，为双方重点产业交流合作搭建平台，为双方企业间的务实合作牵线搭桥。"海尔集团、潍柴动力等重点企业在鞑靼斯坦共和国的合作项目，已成为中国企业投资俄罗斯的标杆。此次会议鞑靼斯坦共和国农业和粮食部、工业和贸易部、卫生部等部门及相关区市负责人出席会议，40余家鞑靼斯坦共和国企业参会。山东40余家机械制造、农业、科技等领域的企业代表线上与俄方机构和企业代表进行交流洽谈。

19日至21日 省外办副主任孙业宝率亚洲处相关人员赴北京分别走访了上合组织秘书处、俄罗斯驻华使馆、俄罗斯驻华商务代表处、哈萨克斯坦驻华使馆及乌兹别克斯坦驻华使馆。双方探讨了共同推进中国—上合组织地方经贸合作示范区建设的措施和建议，对接交流了上合组织国家大使代表团下半年拟访问山东的相关具体计划和安排。

在俄罗斯驻华使馆，分别与公使衔参赞卢基扬采夫、俄罗斯驻华商务副代表叶菲莫夫举行工作座谈，就山东与俄罗斯近期在经贸、教育、科技等领域交流合作计划进行了对接和探讨。

济南大学参加由山东省人民政府外事办公室与山东省教育厅联合举办的"相约上合"山东—俄罗斯教育交流合作对话会，并加入中俄（山东）教育国际合作联盟。

31日　省外办副主任孙业宝出席东北亚地区地方政府联合会（NEAR）名誉宣传大使授予仪式，向山东广播电视台新闻主播徐单和山东艺术学院音乐学院教授李鳌颁发了聘书和名片，介绍了联合会的相关情况，希望他们履行好名誉宣传大使的职责，并在国际舞台上讲好山东故事，增进东北亚地区民间友好和交流。

东北亚地区地方政府联合会是由中、日、韩、朝、蒙、俄6个国家78个省级地方政府组成的地方政府间合作机构，山东是最早加入联合会的地方政府之一。

潍坊一中成为"中俄（山东）教育国际合作联盟"会员单位。

9月

15日　山东省人民政府外事办公室组织20余家山东相关企业，在线参加了由俄罗斯联邦驻华商务代表处与中国商务部共同举办的俄中投资合作圆桌会议。省外办相关负责人介绍了海尔家电产业园、山东重工潍柴集团—卡玛兹集团发动机联合生产等山东企业在俄罗斯投资合作项目进展情况，称这些项目已成为中国企业投资俄罗斯的标杆，发挥了良好的示范引领效应。省外办还集中推介了山东能源集团、山东黄金集团、海信集团、三角轮胎集团、枣庄国家高新技术产业开发区、山东新丝路互贸投资平台等企业和单位。

俄罗斯鞑靼斯坦共和国、图拉州、克麦罗沃州等10个俄罗斯地方政府及工业园区代表，在会上推介了矿产资源开发、能源利用、基础设施建设、高新技术等领域重点投资合作项目，并与山东企业代表在线进行了交流互动。双方就加强投资领域务实合作达成广泛共识。

25日　首届"相约上合杯"俄语大赛在济南举办高校组初赛与复赛。

26日　首届"相约上合杯"俄语大赛在济宁举办中学组初赛与复赛。

29日　山东省人民政府外事办公室联合济南市外办、淄博市外办与俄罗斯国家传统与保健医学协会、中国华铭国际投资有限公司共同在线举办了山东—俄罗斯医药健康产业对接交流会，双方深入探讨了山东省与俄罗斯在制药、医疗器械、传统医疗服务、保健食品、医疗旅游等领域合作机遇和潜力。

10月

22日　副省长凌文在线出席由俄罗斯统一俄罗斯党主办的"上海合作组织+"国际政党论坛"绿色经济的政党作用"分议题会议，作了题为《凝聚合作共识　共谋绿色发展》的发言。

29日 副省长任爱荣在线出席由俄罗斯车里雅宾斯克州政府主办的首届上合组织成员国地方领导人论坛，作了题为《弘扬上海精神 共促地方合作》的发言。商务部副部长俞建华、重庆市副市长李波作为中方代表也出席论坛并发言。介绍了山东与上合组织成员国经贸合作项目情况，重点推介了中国—上海合作组织地方经贸合作示范区，欢迎各国积极参与到示范区建设中来，加强各领域务实合作，共同打造上合国家地方间互惠互利合作共赢典范。

11月

11日 为推动与上合组织国家在经贸、物流等领域务实合作，山东省外办积极联系上合组织实业家委员会、中俄友好和平与发展委员会等国际组织机构，协助山东省港口集团与俄罗斯铁路物流公司建立沟通联系渠道并组织视频交流会，促进双方在跨境物流、港口等相关领域的战略合作，推动"东西双向互济、陆海内外联动"的开放格局，于2020年11月11日举办山东省—俄罗斯物流合作线上座谈会。山东省港口集团与俄罗斯铁路物流公司在会上就中欧过境集装箱运输、海铁联运、国际冷链物流、港口合作、农产品贸易等领域业务合作潜力进行了深入交流，中俄友好和平与发展委员会和中国华铭国际投资有限公司作为项目合作支持机构也在会上进行了交流发言。

25日 中国农村技术开发中心、青岛农业大学、俄罗斯农业工程中心共同主办的中俄科技创新年重点科技活动"中国—俄罗斯智能农机装备与先进技术研讨会"在青岛农业大学举行。会后，青岛农业大学机电工程学院院长尚书旗教授接受了俄罗斯卫星通讯社关于该研讨会的专访，在《面对面》节目中介绍了俄中农机领域的合作与前景展望。有关中俄参会专家的会议论文，在俄罗斯农业工程中心自办的学术期刊《农业机械与技术》（俄罗斯BAK检索期刊）上以专刊的形式予以发表。

秋季，山东第一医科大学（山东省医学科学院）与俄罗斯彼尔姆国立大学签署"2+2"双学位合作办学协议。

30日 截至2020年11月底，山东省与86个国家建立580对国际友城，其中俄罗斯友城数19对。

本月，山东科技大学加入中俄（山东）教育国际合作联盟。

12月

1日 省外办副主任孙业宝率亚洲处及中俄（山东）教育国际合作联盟秘书处一行赴山东管理学院调研，与副校长董以涛等进行了座谈交流，了解该校与俄罗斯、白俄罗斯等上合组织国家在教育、人文领域交流合作情况及相关需求，并就 2021 年联盟框架内交流合作计划进行了对接探讨。会后，孙业宝副主任向山东管理学院授予了中俄（山东）教育国际合作联盟会员牌。

5 日　首届"相约上合杯"俄语大赛决赛在青岛举行。大赛吸引了来自全省 60 多所高校、职业院校和中学的 30 名优秀选手参加。大赛颁奖仪式后，中俄（山东）教育国际合作联盟与上合示范区管委会联合举办了俄语翻译人才培养对话会，国内相关高校俄语教育专家代表在线与俄罗斯语言和文学协会、俄罗斯国立师范大学、普斯科夫国立大学等俄方高校和研究机构专家代表就"高校外语和翻译专业职业能力提升"主题展开了研讨与交流，共同助力提升山东省俄语翻译人才培养水平，为上合示范区建设提供人才和智力支持。

17 日　上合组织青年创业国际孵化器 2020 项目推介会活动在青岛举行，来自俄罗斯、吉尔吉斯斯坦等上合国家的青年创业者和在华留学生代表进行了生命健康、农业、旅游等领域的创业项目展示，与会人员探讨了上合国家青年在创新创业领域的合作机遇。

25 日　潍坊医学院与俄罗斯人民友谊大学医学教育战略合作备忘录线上签约仪式在浮烟山校区举行。潍医副院长张建华、俄罗斯人民友谊大学副校长拉丽萨·叶夫列莫瓦代表双方学校签约。

中国石油大学（华东）获批山东省"一带一路"沿线俄语国家交流合作研究中心，正式入驻中国—上合示范区国家客厅，与中国—上合组织地方经贸合作示范区共建能源人文研究中心。

青岛大学与俄罗斯圣彼得堡国立大学签署学术与科研合作协议和学生交流协议。

2020 年，山东农业大学与俄罗斯彼尔姆国立大学签署俄语专业本科生"2+2"联合培养协议。

自 2020 年起，中国石油大学（华东）联合俄罗斯高校申报获批 4 个促进与俄乌白国际合作培养项目，获批资助名额总数为 109 人。

2020 年，鲁东大学与俄罗斯下瓦尔托夫斯克国立大学共同申报中国国家自然科学基金和俄罗斯联邦基础学科项目，共建河谷地质研究中心。同年，鲁东大学与莫斯科州国立大学开展汉语国际教育硕士联合培养项目。

2021年

1月

15日 山东德州市—中国华铭国际投资有限公司交流座谈会暨成立德州市友协驻俄罗斯联络处视频签约仪式成功举行。旨在发挥平台信息、资源优势，深化双方在经贸、人文、科技等领域开展务实合作，助力德州打造对外开放新高地。

青岛大学获批国家留学基金委俄乌白国际合作培养项目，通过该项目我校每年将资助教师、学生23人赴俄罗斯圣彼得堡大学进修或攻读学位。

山东科技大学与俄罗斯库兹巴斯国立技术大学、乌克兰国立技术大学合作申报的"矿业领域国际合作人才培养项目"获批国家留学基金委2021年促进与俄乌白国际合作培养项目。

2月

5日 第五次中国——中东欧国家地方领导人会议在沈阳以视频连线方式举行。本次会议主题为"携手共命运，同心促发展"。中国—中东欧地方省州长联合会外方17国53个成员单位代表、11国驻华使节、中方22省（区、市）代表参会。山东省高度重视中国—中东欧国家"17+1"相关工作，是中国—中东欧地方省州长联合会初创成员。

23日 2021年春节前夕，山东省委外办联合省委宣传部、山东广播电视台，在全省外事系统内组织开展"春到齐鲁，情满五洲"春节专题宣传活动成效显著。新春佳节之际，山东交通学院顿河学院的外籍教师们精心录制视频，为顿河学院的师生们送来了新年祝福，与中国师生一起分享节日的喜悦。

山东交通学院自2003年开始与俄罗斯顿河国立技术大学开展合作，联合成立的顿河学院于2019年1月获教育部批准并于同年夏季开始招生。今年1月，顿河学院成功获批国家留学基金委公派出国项目，国家留学基金委将在项目期限内每年资助顿河学院50名学生赴俄公派留学，其中本科插班生30人，硕士研究生20人。

3月

24日 由省外办与省教育厅联合举办的"相约上合"山东—俄罗斯艺术院校合作交流会在济宁成功举办。省外办副主任孙业宝、济宁市副市长李海洋及省教育厅代表出席会议并发言，俄罗斯联邦总统文化事务顾问弗拉基米尔·托尔斯泰在线出席并致辞。山东省与俄罗斯110余所高校、职业院校、教育部门及中学负责人参加了活动，双方共300余人通过线下和线上方式参加会议，线上7000余人通过直播平台收看了会议。俄罗斯莫斯科柴可夫斯基音乐学院、圣彼得堡国立音乐学院等10所知名艺术院校与我省中国石油大学（华东）、山东艺术学院、曲阜师范大学等8所高校及中学共同在线进行了交流发言。会议期间，中俄（山东）教育国际合作联盟还为10家新加入联盟的省内学校颁发了会员牌。

　　26日　山东省外办召开中外青少年交流基地建设工作会议，推进打造中外青少年交流"大学校"建设工作。中外青少年交流基地是全国对外友协在地方上设立的第一个基地，打造"山东国际友城中外青少年交流大会"品牌活动。打造中外青少年交流"大学校"、传播弘扬中华文化的"新杏坛"。

　　中国石油大学（华东）承办了教育部中外语言交流合作中心的"汉语桥"线上语言文化交流冬令营，乌法石油科技大学、彼尔姆科研理工大学和彼尔姆二中孔子课堂的师生们共聚云端、积极参与，俄罗斯国家电视台1台作了相关新闻报道。

4月

　　1日　枣庄学院与俄罗斯莫斯科国立建筑大学举行线上交流会议，重点就城市建设类专业项目合作开展务实交流。

　　14日　聊城市委副书记、市长李长萍与俄罗斯联邦切尔内市长玛格捷耶夫通过视频方式见面会谈，就共同推进两地合作发展进行沟通交流。切尔内市副市长科罗波多娃，俄罗斯山东儒商会会长、中俄境外企业联盟秘书长赵卫星，聊城市副市长田中俊等参加活动。两市于2009年就签订了《关于建立友好城市关系的意向备忘录》，开展互访活动。真诚希望双方以产业合作为基础，在科技、旅游、人才、教育等领域全面加强交流，尽快择机签署《建立友好城市协议书》，为新时期开展城市交流注入新活力，努力打造互利共赢的"友好城市""姐妹城市"。

　　25日　中国人民对外友好协会"中外青少年交流基地"在济南揭牌。基地工作领导小组副组长曲阜师范大学党委书记戚万学表示，揭牌成立"中外青少年交流基地"，向中外青少年讲好"孔子故事""中国故事"，是彰显山东优秀传统文化优势的创造性举措，体现了高度的文化自觉、文化自信，将搭建中外青少年情感触通新平台，探索中外人文交流新路径，形成我省对外开放新高地。未来，围绕打造中外青少年交流的"大学校"，传播弘扬中华文化的"新杏坛"这一目标，做好"三篇文章":一是"顶天"文章,抓好顶层设计;二是"立地"文章,抓好常规运行;三是"特色"文章,打造特色品牌。

同日,中国首个"国际友城"主题综合性园区山东国际友城黄河湾项目落户齐河。该项目集投资兴业、贸易合作、学习生活和休闲度假为一体的大型国际园区,将进一步提升德州乃至全省对外开放新高地。

26日 2021上海合作组织国际投资贸易博览会暨上海合作组织地方经贸合作青岛论坛在青岛胶州开幕。大会以"共享上合机遇 共谋开放发展"为主题,会期3天,包括开幕式、青岛论坛、上海合作组织国家驻华使节推介暨企业投资贸易洽谈会等板块,驻华使节上合行,共植上合友谊林等活动。

本月,潍坊一中参加中俄艺术院校交流会;潍坊一中开设俄语为第二外语。

6月

9日 俄罗斯伊尔库茨克国立大学与山东女子学院签署协议,授权山东女子学院共同成立中国境内首家公办大学中国学生赴俄留学官方预科中心,由俄罗斯伊尔库茨克国立大学和山东女子学院对赴俄留学预备生进行联合培养。

15日 为庆祝上海合作组织成立20周年,中国集邮有限公司发行"上海合作组织成立20周年纪念封"一枚。

26日 济南市外办秉承服务考生、服务社会理念,在2021山东省高考招生咨询会的框架下成功举办了"济南国际友诚教育展"。邀请俄罗斯、保加利亚、德国、英国等12个国家52家知名高校参展。

本月,俄罗斯人民友谊大学医学院副院长尤利娅为潍坊医学院学生讲授国际课程。

30日 值中国共产党成立100年之际,部分驻鲁领事馆、山东国际友城发来贺电,高度评价中国共产党取得的伟大成就,热烈祝贺中国共产党建党100周年。其中包括泰王国驻青岛总领馆总领事王玉君、俄罗斯鞑靼斯坦共和国总统明尼哈诺夫、俄罗斯滨海边疆区州长科热缅科、越南共产党中央委员、岘港市市委书记阮文广、俄罗斯驻华大使等发来贺电。其中俄罗斯鞑靼斯坦共和国总统明尼哈诺夫信中表示,热烈庆祝中国共产党成立100年,并深切表达了对中国发展成绩的赞赏,相信双方友好交往与务实合作必将取得更大成就,更好造福两国人民。俄罗斯滨海边疆区州长科热缅科发来贺电,祝贺中国共产党成立100年,表示在中国共产党的领导下,中国取得了前所未有的成就。俄罗斯驻华大使杰尼索夫向山东省发来贺电,祝贺中国共产党成立100年。他指出:"百年征程,中国共产党实事求是，不断改革进取，团结带领中国人民实现生活幸福、国家富强，为实现中华民族伟大复兴指明方向。"表达了对中国发展成就的赞赏，高度评价中俄传统友谊及新时代中俄关系的发展水平，希望进一步加强合作、传承友谊。

7月

9日 省委外办副主任孙业宝在山东交通学院出席由中俄（山东）教育国际合作联盟举办的山东—俄罗斯教育合作视频座谈会。孙业宝副主任在线与莫斯科国立大学语言与文化学院院长瓦列里·洽茨内和等俄罗斯教育界代表就推动山东省与俄罗斯在基础教育阶段俄语语言教学、高校俄语专业人才培养等领域合作进行了交流探讨。山东二七一教育集团负责人在线与莫斯科国立大学就双方签署俄语小语种国际班与留学生源地合作协议达成共识。

线上座谈会后，孙业宝副主任与山东交通学院副院长姜华平进行了交流座谈并共同见证山东交通学院顿河学院与中俄（山东）教育国际合作联盟秘书处签署战略合作协议，充分利用联盟平台资源为我省高校对外交流合作提供支持与协助。

12日 东北亚地区地方政府联合会秘书长金玉彩致信山东省，祝贺中国共产党建党100周年。

13日 由全国人大常委会和俄罗斯联邦委员会共同组织的中俄立法机构地方合作视频会议在线上举行，会议由全国人大常委会副委员长吉炳轩和俄罗斯联邦委员会副主席科萨切夫主持召开。青岛市人大常委会主任王鲁明应邀参会并发言，向与会者简要介绍青岛对俄合作优势项目、上合示范区建设等情况。根据与会双方达成的共识，中俄立法机构地方合作会议有望升级为定期合作机制，旨在拓展两国地方经贸、人文、教育、科技、生物医药等领域合作。

13日至16日 山东省外办在青岛、烟台及威海市举办"驻华使节齐鲁行"活动。

16日 《中俄睦邻友好合作条约》签署20周年。20年前，中俄双方在全面总结两国关系发展经验和成果基础上签署了该条约，为迈入新世纪的中俄关系长期健康稳定发展奠定了坚实法律基础，为两国开展各领域友好合作确立了基本原则，成为中俄关系史上的重要里程碑，为构建新型大国关系树立了典范。

23日 东营市与俄罗斯阿尔梅季耶夫斯克市合作交流会暨友好合作城市关系签约仪式通过线上方式在东营市成功举办。山东省委外办副主任孙业宝出席会议，见证东营市与俄罗斯阿尔梅季耶夫斯克市在线签署国际友好合作城市关系协议书，该协议书的签署为省级友城框架内新增一对市级友好合作关系。

东营职业学院与阿尔梅季耶夫斯克国立石油学院在线签署国际交流合作备忘录，并共同为东营职业学院俄语教育中心和阿尔梅季耶夫斯克国立石油学院中文教育中心揭牌。

山东省与鞑靼斯坦共和国自2008年正式建立省级友好关系以来，各领域合作成果丰硕。阿尔梅季耶夫斯克市是俄罗斯鞑靼斯坦共和国的石油重镇，与东营市互补性强，合作潜力巨大。双方的友好交往也得到了鞑靼斯坦共和国总统明尼哈诺夫及驻喀山总领馆的重视和支持，两市正式结好必将进一步巩固和深化山东省与鞑靼斯坦共和国的省级友好关系。

8月

10日 主题为"同行25年，共创东北亚未来"的东北亚地区地方政府联合会（NEAR）第13次全体会议以线上形式召开，来自中国、日本、韩国、蒙古、俄罗斯、越南等6个国家的76个地方政府共200余名代表参会。

东北亚地区地方政府联合会于1996年成立，旨在促进成员之间各领域的交流合作。山东省是最早加入联合会的地方政府之一，多年来积极参与联合会的各项活动，2008年起担任海洋与渔业专门委员会协调员。

18日 济宁市与俄罗斯普斯科夫市合作交流会暨友好交流与合作关系城市签约仪式通过线上方式在济宁市成功举办。同时济宁职业技术学院与普斯科夫国立大学在线签署关于共建海外"鲁班工坊"合作协议。

9月

中国石油大学（华东）已经与俄罗斯古勃金大学、乌法石油科技大学、别尔哥罗德大学、彼尔姆科研理工大学、彼尔姆国立大学、圣彼得堡矿业大学、莫斯科矿业大学、圣彼得堡交通大学、太平洋国立大学、奔萨国立大学、喀山联邦大学、白城国立文化艺术学院、后贝加尔国立大学、托姆斯克国立大学、南乌拉尔国立大学、航空技术大学、全俄地球物理研究所等17所大学和科研机构签署合作协议，开展教师互访、科研合作及学生互换项目等实质性合作。

由潍坊医学院申报俄罗斯人民友谊大学国际事务副校长拉丽萨·叶夫列莫瓦荣获"山东省人民友好使者"称号。

鲁东大学俄罗斯籍留学生自2014年起逐年递增，截至本月已达到3039人次。

10月

29日至30日 第二届"相约上合杯"俄语大赛复赛及颁奖仪式在潍坊实验

中学成功举办。大赛由山东省委外办、山东省教育厅指导,由中俄(山东)教育国际合作联盟、山东省翻译协会、上合示范区管委会主办,旨在推动提升山东各类学校俄语教学水平,为上合示范区建设储备俄语人才。来省内 83 所各类学校及省外 17 所高校共 247 名选手参加了本次复赛。

11 月

2 日　德州市与俄罗斯皮亚季戈尔斯克市合作交流会暨友好城市关系意向书签约仪式通过线上方式在德州市成功举办。

18 日　青岛大学于 2021 年创办"上合英俄双语创新实验班"并招生,培养"精英语、懂俄语、通国情、善交流"的复合型拔尖外语人才。

12 月

23 日　中俄(山东)教育国际合作联盟、上合示范区管委会与俄罗斯语言和文学教师协会继续联合举办第二届"相约上合杯"俄语大赛和首届国际汉语大赛,比赛活动由胶州市第二中学具体承办。比赛采取线上和线下相结合方式进行,俄罗斯语言和文学教师协会俄语专家和中方高校汉语专家分别对俄语大赛和汉语大赛参赛选手进行在线评审。省内 83 所各类学校及省外 17 所高校共 247 名选手参加了本届俄语大赛。

2021 年,山东科技大学与莫斯科鲍曼国立技术大学签署《合作协议》。

青岛科技大学与俄罗斯坦波夫国立技术大学、沃罗涅日国立大学、俄罗斯国立师范大学、托木斯克理工大学、托木斯克国立大学建立了友好合作关系。其中与坦波夫国立技术大学、沃罗涅日国立大学、俄罗斯国立师范大学建立了校际友好交流机制,每年互派学生交流学习。

2021 年,临沂大学与俄罗斯别尔哥罗德国立工艺大学签署关于合作举办机械设计制造及其自动化专业本科教育项目的协议书。

青岛滨海学院与俄罗斯多所高校都有合作关系,包括圣彼得堡国立大学、西伯利亚国立交通大学、符拉迪沃斯托克国立经济与服务大学、太平洋国立大学等,双方以合作办学、交换教师、互派学生、夏冬令营等形式进行合作。

2022 年

1 月

10 日　山东省第十三届人民代表大会常务委员会第四十一次会议通过山东省人民代表大会常务委员会关于《山东省与俄罗斯联邦莫斯科州建立友好省州关

系的议案》的决定。

2月

24日 淄博市博山区与俄罗斯山东同乡会系列经贸文化合作签约，并设立俄罗斯儒商会淄博工作站。

3月

3日 "中外青少年共话冬奥：山东青岛—俄罗斯鞑靼斯坦共和国喀山市线上交流会"举行，两市青少年云连线"共上一堂课"。该活动共设置青岛、济南和俄罗斯鞑靼斯坦共和国喀山三个会场。俄罗斯鞑靼斯坦共和国喀山市阿迪姆纳尔外国语中学与青岛实验高中的师生们通过视频连线方式共同学习、感受中外传统文化，共话奥运精神，增进国际友城青少年间的结对交往。

4月

29日 山东—俄罗斯普斯科夫州合作交流会暨首场"丝路名城对话"：济宁—普斯科夫市对话活动以视频连线方式在济南、青岛、济宁和俄罗斯普斯科夫市举行。作为俄罗斯古城，普斯科夫市是俄罗斯文学之父普希金的故乡，与山东省在文化、教育等领域交流合作前景广阔。会议期间，双方在经贸、文化、教育等领域达成了一系列务实合作成果与共识。如孔子博物馆与普斯科夫伊兹博尔斯克古迹博物馆签署合作备忘录；济宁职业技术学院与普斯科夫国立大学"鲁班工坊"交流体验基地正式揭牌成立。此次活动正式开启了尼山世界文明论坛文明对话系列活动的序幕，增进了中俄历史文化名城间的文明交流与文明互鉴，拉紧了山东与俄罗斯人民间的感情纽带。

5月

12日 东营职业学院与俄罗斯阿尔梅季耶夫斯克国立石油学院语言课程开班及文化交流论坛启动仪式通过线上方式举行，约80余人参加了会议，并围绕"鞑靼斯坦和山东省""我们的校园""青年文化与生活"三个主题，两校师生在线举行了文化交流论坛第一阶段活动。

24日 淄博五中与俄罗斯诺夫哥罗德二中开展校际学生活动，共话家乡美景，同唱欢快旋律。

本月，山东师范大学"赫尔岑国际艺术学院"，德州学院"别尔哥罗德食品科学学院"两个与俄罗斯高校合作的非独立法人合作办学机构同时经教育部批准成立并开始招生办学。

6月

8日 山东交通学院顿河学院博士联合培养基地签约、挂牌仪式暨首批博士生导师聘任仪式在山东交通学院长清校区举行。山东交通学院院长陈松岩与顿河国立技术大学校长梅什西·别萨里昂·乔霍耶维奇出席仪式并代表双方签署合作协议。16位博士研究生导师专业方向包括交通运输专业、经济学专业、计算机科学技术专业等6个方向，中俄两校将在相关专业领域开展博士项目培养。作为山东交通学院与俄罗斯顿河国立技术大学合作举办的中外合作办学机构，自2019年山东交通学院顿河学院成立以来，共招收521名学生，在首批开办交通运输、土木工程两个专业基础上，2021年，顿河学院中外合作办学首次获批国家公派留学项目，每年将资助山东交通学院留学生51名，2022年获批开办计算机科学与技术专业，再次拓宽了中俄两校合作领域。

29日 "丝路名城对话"系列活动之二：淄博市与俄罗斯布拉茨克市对话活动以视频连线方式举行，并共同启动两市缔结友好城市关系15周年系列活动。

7月

19日 山东建筑大学陈清奎教授当选俄罗斯自然科学院外籍院士。俄罗斯自然科学院（РАЕН/RANS：Russian Academy of Natural Sciences）院长库兹涅佐夫、秘书长伊万尼茨卡娅向山东建筑大学陈清奎教授发来贺信。

28日 山东淄博—俄罗斯教育合作专题交流会以视频连线方式在淄博市成功举行。会上，山东理工大学与俄罗斯国立师范大学、淄博职业学院与俄罗斯总统直属国民经济与公共管理学院西北分院、淄博周村实验中学与莫斯科国立大学语言与文化学院、淄博市教育局与中俄（山东）教育国际合作联盟秘书处分别签署合作意向书和协议书，实现了淄博市各级各类学校与俄罗斯知名高校间交流合作"全面开花"。

9月

26日 由山东省人民政府外事办公室、尼山世界儒学中心、国际俄语教师协会共同主办的"孔子与托尔斯泰：跨越时空的对话"——孔子与托尔斯泰思想对话会在曲阜成功举办。对话会活动在曲阜设主会场，在俄罗斯圣彼得堡设分会场，莫斯科、北京、上海等地近30名专家学者通过线上或线下相结合的方式参会。学者们就儒家思想与托尔斯泰哲学思想开展对比研讨，共同交流传承中俄伟大思想家的学说与智慧。

10 月

14 日 莫斯科艺术学院应山东师范大学赫尔岑国际艺术学院之邀,以《党建引领促发展 深度融合提质效》为题作线上专题报告。通过莫斯科艺术学院师生为母校 62 周年献礼的短片《阳光路上》让大家更直观地感受莫斯科艺术学院的办学环境和师生昂扬奋发的精神面貌。

28 日 青岛市副市长刘建军率团出访俄罗斯等三国,拜访相关机构和企业,推动上合示范区建设。

30 日 第三届"相约上合杯"俄语大赛决赛暨第二届国际汉语大赛决赛在上合示范区举行。经过激烈的角逐,来自俄罗斯顿河国立技术大学、俄罗斯国立师范大学、俄罗斯普斯科夫国立大学的选手获得国际汉语大赛一等奖。来自山东大学、临沂大学、山东交通学院、山东师范大学、青岛大学、中国石油大学等 6 所高校的选手获得俄语大赛高校组一等奖;来自北京第二外国语学院成都附属中学、济南外国语学校、胶州市第二中学、青岛市第六十六中学、金乡第二中学等 5 所中学选手获得俄语大赛中学组一等奖。